Alexandra

SAUVONS LES POULAINS !

BIOGRAPHIE

Petite fille, Lucy Daniels aimait beaucoup lire, et rêvait d'être écrivain. Aujourd'hui, elle vit à Londres avec sa famille et ses deux chats, Peter et Benjamin. Originaire de la région du Yorkshire, elle a toujours aimé la nature et les animaux, et s'échappe à la campagne dès qu'elle le peut.

Ce livre est déjà paru dans la collection Folio Cadet, n° 375, sous le titre *Au secours des deux poulains*.

ILLUSTRATIONS INTÉRIEURES : WILLIAM GELDART

Un grand merci à Helen Magee
L'auteur remercie également C. J. Hall, médecin vétérinaire,
qui a revu les informations contenues dans ce livre.
Conception de la collection : Ben M. Baglio
Titre original :
Foals in the Field

Publié pour la première fois par Hodder Children's Books, Londres

Loi n°49-956 du 16 juillet 1949 sur les publications destinées à la jeunesse
Dépôt légal : mai 2001
ISBN : 2 747 003 73 6

S.O.S. ANIMAUX

SAUVONS LES POULAINS !

LUCY DANIELS

TRADUIT DE L'ANGLAIS
PAR ISABELLE DE COULIBŒUF

DEUXIÈME ÉDITION

BAYARD JEUNESSE

LES HÉROS DE CETTE HISTOIRE

Cathy Hope a douze ans, et une passion : les animaux. Son ambition est de devenir vétérinaire, comme ses parents. La souffrance des animaux lui est insupportable et elle ne manque jamais une occasion de leur porter secours.

Adam et **Emily Hope** sont les parents de Cathy. Ils dirigent une clinique vétérinaire, l'Arche des animaux, où Cathy passe tout son temps libre.

James Hunter est le meilleur ami de Cathy. Il partage avec elle l'amour des animaux et la suit dans toutes ses aventures.

Tom et **Dorothy Hope** sont les grands-parents de Cathy. Ils vivent au cottage des Lilas, et sont toujours prêts à venir en aide à leur petite-fille.

Adam Hope
Emily Hope
Tom Hope
Dorothy Hope
James Hunter
Cathy Hope

1

« Que peut-il bien se passer ? » se demanda Cathy.

M. Hope était en grande conversation au téléphone, et Cathy, qui s'intéressait toujours de près aux patients de ses parents, ne pouvait contenir sa curiosité.

Mme Hope posa une assiette d'œufs brouillés sur la table.

– Mmm ! J'ai une faim de loup ! s'exclama la jeune fille.

Elle achevait de se servir une bonne portion d'œufs quand son père entra dans la cuisine.

– C'était Nick Summers, leur apprit-il en s'asseyant.
Cathy le dévisagea d'un air inquiet :
– Il n'est rien arrivé à Bessie ?
Bessie était la jument poulinière de Nick. Elle devait mettre bas dans quelques semaines ; en plus, elle attendait des jumeaux !
M. Hope ébouriffa la chevelure blonde de sa fille d'un geste affectueux et se versa une tasse de thé :
– Non, ma chérie ! Mais Nick se fait du souci, car elle est très agitée.
Mme Hope le regarda :
– Comment ça, agitée ?
– Il paraît que, depuis ce matin, elle n'arrête pas de se lever et de se coucher…
– Tu veux dire que Bessie risque d'accoucher prématurément ? s'inquiéta Cathy.
– Pas forcément. Son agitation est peut-être due au fait qu'elle attend des jumeaux.
– J'espère que c'est le cas, commenta Mme Hope. Nick a déjà bien assez de travail avec la restauration de la ferme ! Des

poulains prématurés demandent beaucoup de soins, surtout si ce sont des jumeaux.

– J'ai tellement hâte de voir les poulains de Bessie ! s'écria Cathy. Mais j'espère qu'ils ne naîtront pas trop tôt.

– J'ai promis à Nick de passer après le petit déjeuner, annonça M. Hope.

Cathy s'agita sur sa chaise :

– Oh ! Papa, je pourrais t'accompagner ?

– Tu ne devais pas travailler avec James sur votre exposé ? lui rappela sa mère.

– Oui, c'est vrai, grommela Cathy. Mais, j'y pense… la ferme de Drysdale est très vieille, n'est-ce pas ?

– Oh, oui ! Elle a au moins deux cents ans.

– Génial ! Notre exposé porte justement sur Welford et ses environs tels qu'ils étaient autrefois. Deux cents ans, c'est suffisamment vieux, non ? J'appelle James tout de suite pour qu'il apporte son appareil photo. Il me reste juste assez de temps pour nettoyer la cage de Crapule et voir comment il va.

Cathy sauta de sa chaise et se dirigea vers la porte.

– Ho ! Attends un peu ! lança M. Hope. Je n'ai jamais dit que tu pouvais venir. Quant à James…

– Papa, tu ne vas pas refuser. Pense à mon devoir ! la jeune fille insista.

M. Hope fronça les sourcils d'un air sévère, puis il éclata de rire :

– Bon, tu as gagné, c'est d'accord !

– Bravo ! Quelle autorité, soupira Mme Hope.

Cathy se précipita vers le téléphone pour appeler son ami.

James fut enthousiasmé par la proposition de Cathy ; lui aussi mourait d'envie de rendre visite à Bessie.

– Super, Cathy ! J'arrive tout de suite, cria-t-il à l'autre bout du fil.

Aussitôt le téléphone raccroché, Cathy fila dans la salle d'hospitalisation de la clinique vétérinaire de ses parents.

– Salut, Crapule ! Comment ça va, ce matin ?

Un petit chat noir et blanc, que l'on distinguait à peine sous ses pansements, rampa

jusqu'à la porte de la cage et passa une patte à travers le grillage.
– Mon pauvre Crapule ! dit Cathy en ouvrant la porte et en prenant le chaton dans ses bras. Ne t'inquiète pas, on va bien s'occuper de toi.
Parmi tous les patients de l'Arche des animaux, Crapule était son favori du moment. Le pauvre avait engagé une bataille avec un chat bien plus gros que lui. Il était dans un état grave quand son maître l'avait amené à la clinique. Simon, l'assistant vétérinaire, le pensait perdu. Mais, grâce au talent de Mme Hope, qui avait mis deux longues heures à soigner et recoudre ses plaies abdominales et à immobiliser sa patte cassée, le chat allait beaucoup mieux.
M. Hope entra dans la salle quand Cathy reposait le chaton dans sa cage.
– Tu es prête ?
– Oui, oui, juste le temps de me laver les mains.
On entendit crisser les freins d'une bicyclette dans la cour.
– Ah ! Ce ne peut être que James !

– C'est là, dit James en indiquant une zone sur la carte.

Le 4x4 grimpait sur la colline qui surplombait Welford. Cathy se pencha pour mieux voir l'endroit que lui indiquait son ami.

– La ferme de Drysdale doit être exactement ici, dit-elle en traçant une croix au crayon.

– Vous êtes de vrais pros, les félicita M. Hope.

James eut l'air ravi du compliment.

– Ça nous a pris un temps fou de dessiner cette carte, expliqua-t-il. Nous y indiquons toutes les fermes et les maisons que nous décrivons dans notre exposé. Elles ont toutes plus de cent ans.

M. Hope s'engagea dans un chemin creux.

– Drysdale est encore plus vieille. Elle appartient à la famille de Nick depuis plusieurs générations, et les Summers y ont toujours élevé des chevaux. Mais, quand Nick l'a reprise l'année dernière, elle était inoccupée depuis bien longtemps.

– Pourquoi ? demanda James.

– Je ne connais pas toute l'histoire, avoua M. Hope. Je sais que la ferme a été abandonnée à la suite d'un terrible incendie, il y a une quarantaine d'années. Et puis, l'an dernier, le jeune Nick s'y est installé pour élever des chevaux.

– C'est très intéressant, cette histoire ! On va en parler dans notre exposé, dit James à son amie.

Mais Cathy avait la tête ailleurs :

– Qu'est-il arrivé aux chevaux ?

– Quels chevaux ?

– Ceux qui se trouvaient à l'écurie quand l'incendie s'était déclaré.

M. Hope haussa les épaules :

– Je l'ignore, tu devrais interroger ton grand-père. Je suis sûr qu'il se souvient de cet incendie.

M. Hope se gara dans la cour. De toute évidence, on y travaillait d'arrache-pied : des sacs de ciment étaient posés le long d'un bâtiment en construction, et des outils traînaient un peu partout.

– Ce sont sûrement les nouvelles écuries, déclara Cathy. Je me demande combien de chevaux Nick a l'intention d'élever.

– Justement, le voilà, dit M. Hope. Vous aurez l'occasion de lui poser toutes les questions que vous voudrez quand j'aurai fini d'examiner Bessie.

2

Un jeune homme sortit des écuries. Il avait l'air anxieux et fatigué.

– C'est gentil à vous d'être venu, Adam. Bessie est de plus en plus agitée. Je l'ai veillée une grande partie de la nuit : elle ne cesse de gratter le sol avec ses sabots !

– Ne vous inquiétez pas trop. Ce n'est pas rien de porter des jumeaux ! Elle est peut-être perturbée pour cette raison.

– J'espère, dit Nick. La mise bas doit avoir lieu dans trois semaines seulement.

– Au fait, j'ai amené deux visiteurs avec

moi. Vous n'y voyez pas d'inconvénient? Quand Cathy a su que je venais examiner Bessie, elle n'a pas pu résister à la tentation de m'accompagner!

Un large sourire éclaira le visage de Nick:

– Bessie sera ravie de te voir, Cathy.

– Nous préparons un exposé sur les vieux bâtiments de la région, expliqua la jeune fille à Nick tandis qu'ils se dirigeaient vers les écuries. Nous aimerions te poser des questions sur Drysdale, si ça ne t'ennuie pas. Ta ferme est très ancienne. Ce serait chouette d'en parler dans notre exposé.

Nick éclata de rire et se passa la main dans les cheveux:

– Pour être ancienne, elle est ancienne! Vous n'avez qu'à regarder ces écuries: si je ne m'en occupe pas tout de suite, elles s'écrouleront avant la naissance des poulains.

– Ce sont les nouvelles écuries, là-bas? demanda Cathy en désignant le bâtiment en construction.

– Oui, et elles devraient déjà être terminées à l'heure qu'il est, répondit Nick en franchissant le seuil. Je n'avais pas bien évalué l'ampleur de la tâche qui m'attendait quand j'ai commencé à rénover Drysdale.

– Vous faites du bon boulot, Nick, dit M. Hope. Mais c'est un peu lourd pour une seule personne…

– Comment ça, une seule personne ? lança une voix enjouée au fond de l'écurie. J'ai transporté tellement de briques et gâché une telle quantité de ciment que je pourrais facilement trouver du travail comme maçon, à présent !

Une jeune femme vêtue d'un jean, d'un pull défraîchi et de bottes en caoutchouc émergea du dernier box. C'était Fiona, la petite amie de Nick.

– Venez voir Bessie, proposa-t-elle.

Cathy et James se hâtèrent vers le box.

– Salut, Bessie, dit doucement Cathy.

Une magnifique jument noire tourna la tête en entendant sa voix et soupira profondément. Cathy tendit le bras pour lui flatter l'encolure. La jument se balançait nerveusement de gauche à droite.

– Comment va-t-elle ? demanda James.
Fiona plissa le front :
– Elle est très fatiguée. C'est éprouvant pour elle, elle n'est plus toute jeune.
– J'espère que les poulains seront aussi noirs que leur mère, s'écria Cathy. Elle a une si belle robe !
– Peu importe la couleur de leur robe, pourvu qu'ils soient en bonne santé, déclara Nick, qui venait d'entrer dans le box avec M. Hope.
Le vétérinaire caressa le flanc de la jument.
– Si on allait boire quelque chose pendant que ton père examine Bessie ? proposa Fiona à Cathy et son ami. Et pourquoi ne pas s'offrir un morceau de gâteau aux cerises, pendant qu'on y est ?
– Bonne idée ! Je meurs de faim, s'exclama James avec enthousiasme.
– Toi, tu meurs toujours de faim, fit remarquer Cathy en riant.
Ils laissèrent M. Hope et Nick dans le box et traversèrent les anciennes écuries pour rejoindre la maison.

– Fiona, on aurait quelques questions à te poser sur la ferme de Drysdale, annonça Cathy quand ils furent installés autour de la lourde table en chêne qui trônait dans la cuisine.

Fiona haussa les épaules :

– Allez-y, mais je ne sais pas si je vous serai d'un grand secours. Qu'est-ce qui vous intéresse ?

James lui parla de leur exposé pendant qu'elle remplissait trois verres de jus de fruit et découpait un appétissant gâteau sentant bon la cerise.

– Je ne connais pas bien l'histoire de la ferme. Je sais seulement qu'un incendie a ravagé la ferme, il y a des années de cela, à la suite duquel le grand-père de Nick est parti pour York, où il a monté une entreprise de bâtiment.

– Et le père de Nick ? Il n'a jamais eu envie de revenir à Drysdale ? demanda Cathy.

– Je ne pense pas. D'ailleurs, il s'est catégoriquement opposé au projet de Nick de reprendre la ferme.

– Pourquoi ?

– Je l'ignore. Nick n'est pas très bavard sur ce sujet. Tout ce que je peux dire, c'est que son père et lui ont conclu un marché : Nick a accepté de suivre un stage de maçonnerie, en échange de quoi son père lui a donné un an pour remettre la ferme en état.

– Un an ? Mais cela fait déjà un an que Nick a commencé les travaux !

– Pas exactement, répondit Fiona. Il lui reste encore quelques semaines avant l'échéance.

– Et que se passera-t-il s'il n'y arrive pas ? demanda James.

Le visage de Fiona s'assombrit :

– Eh bien, Nick devra aller travailler dans l'entreprise familiale, à York, et son père vendra la ferme. C'est ce que prévoit leur accord.

– M. Summers ne peut pas faire ça ! s'écria Cathy, choquée.

– Malheureusement, si. La ferme n'appartient pas à Nick, mais à son père. Il peut en disposer comme bon lui semble. D'ailleurs,

il l'a déjà fait visiter à quelqu'un.
– Mais le père de Cathy dit que la ferme existe depuis deux siècles ! s'exclama James. Elle appartient à l'histoire locale !
– Alors, il n'y aurait plus de chevaux à Drysdale ? enchaîna Cathy. M. Summers ne les aime donc pas ?
– Je ne sais pas, soupira Fiona. À vrai dire, je pense que sa décision a un rapport avec le fameux incendie. Et, si vous voulez mon avis, tout cela cache quelque chose.
– Mais Nick va sûrement réussir ! affirma James.
– Je l'espère. Ce serait une déception terrible s'il était obligé d'abandonner.
Cathy regardait par la fenêtre de la cuisine. Les anciennes écuries semblaient sur le point de s'effondrer, et les nouvelles étaient loin d'être terminées. La maison aussi était en piteux état, avec ses peintures écaillées et ses tuiles manquantes…
La jeune fille aperçut alors son père et Nick qui traversaient la cour. Nick serra la main de M. Hope et se dirigea vers les sacs de

ciment. Il en mit un sur son épaule, puis disparut dans le bâtiment en construction. L'instant d'après, le ronronnement de la bétonnière se fit entendre.

Cathy et James sortirent à la rencontre de M. Hope.

– Je vais dire au revoir à Nick, dit Cathy en se dirigeant vers le chantier.

Avec le bruit de la bétonnière, Nick n'entendit pas Cathy arriver. Elle jeta un coup d'œil dans le bâtiment. Nick était en train de verser du ciment dans la machine. Il avait vraiment l'air épuisé ! Sa mine joviale habituelle avait disparu. On lisait sur son visage la fatigue de la longue nuit de veille auprès de Bessie, et celle de l'impitoyable course contre la montre pour terminer les écuries.

Cathy n'osa pas le déranger et s'éclipsa sans prendre congé.

3

En fin d'après-midi, Cathy et James se rendirent à l'église de Welford, recueillir quelques informations supplémentaires pour leur exposé.

– Nous devrions prendre des photos de l'église, suggéra Cathy alors qu'ils descendaient de vélo. Elle a certainement plus de cent ans.

Blackie, le labrador de James, dressa les oreilles en entendant grincer la lourde porte en chêne. Le grand-père de Cathy et son vieil ami, Walter Pickard, sortirent.

– L'église est bien plus ancienne que ça, déclara Papy. Elle a plusieurs siècles !

Blackie se précipita vers les deux hommes en aboyant pour les saluer.

– Bonjour, Papy ! Bonjour, Monsieur Pickard ! Vous êtes venus vous entraîner à sonner les cloches ? plaisanta Cathy.

– Crois-tu que nous sommes encore assez costauds pour tirer sur les cordes ? fit Papy en riant.

– Qui sait ? Nous devrions essayer ! lança M. Pickard.

– Et votre exposé, ça avance ? J'ai entendu dire que vous étiez allés à Drysdale. Alors, comment se débrouille Nick ?

– Il travaille vraiment dur, répondit Cathy. À propos, Papy, tu te rappelles cet incendie qui a détruit la ferme ?

– Oui, bien sûr. Ce fut une nuit affreuse. Le feu a pris dans l'une des écuries et s'est propagé très vite à tous les bâtiments. On apercevait les flammes depuis le village.

– Mais... les pompiers n'ont pas pu l'éteindre ? demanda James.

– Ils auraient pu s'ils étaient arrivés à temps, répondit M. Pickard. Mais il faisait très mauvais ce jour-là, et la route était bloquée par la neige.
– Certains d'entre nous ont réussi à atteindre Drysdale en tracteur, poursuivit Papy. Mais c'était trop tard, la plupart des bâtiments étaient déjà en train de brûler. Tout ce que nous avons pu faire, c'est essayer de sauver les chevaux en attendant les pompiers.
– Et vous avez réussi ? demanda Cathy anxieusement.
Son grand-père secoua la tête :
– Pas vraiment. Quand nous sommes arrivés à la ferme, c'était un véritable brasier. Il y avait de la fumée et des flammes partout. Le père de Nick était comme fou, et nous avons dû le faire sortir de force des écuries. Il avait été sévèrement brûlé en essayant de sauver les derniers chevaux qui se trouvaient encore à l'intérieur.
– Il a fallu nous y mettre à trois pour le traîner dehors, mais aussi pour le retenir, car il était prêt à y retourner, ajouta M. Pickard.

Il y aurait sûrement laissé sa peau.

– Ce terrible événement a complètement bouleversé la vie des Summers, qui ont toujours élevé des chevaux, continua Papy. Aujourd'hui, Nick essaie de renouer avec cette tradition, et je lui souhaite de réussir.

Cathy s'apprêtait à demander d'autres détails à son grand-père, mais il ne lui en laissa pas le temps.

– À propos, dit-il, je me suis arrêté à l'Arche des animaux, tout à l'heure. Nick venait d'appeler pour demander à ton père de passer dès qu'il aurait fini ses consultations. Bessie est sur le point d'accoucher.

Cathy regarda son grand-père avec effroi :

– Mais c'est trop tôt ! Les poulains ne sont pas encore à terme !

– C'est pourtant ce que ton père m'a dit.

– James, ça ne t'ennuie pas de prendre les photos tout seul ? Je rentre à la maison.

Cathy dévala les marches de l'église, enfourcha sa bicyclette et se mit à pédaler de toutes ses forces.

Le 4x4 débouchait de l'allée menant à

l'Arche des animaux au moment où Cathy arrivait à la hauteur de la maison. Abandonnant sa bicyclette, elle se précipita dans sa direction. M. Hope s'arrêta et se pencha à la fenêtre.

– Papy m'a dit que les poulains étaient sur le point de naître, Cathy haleta.

– Monte, lança son père, tu téléphoneras à maman de la voiture pour lui dire où tu es. Allez, dépêche-toi.

Cathy grimpa précipitamment dans le véhicule. M. Hope avait l'air grave :

– Je viens juste d'avoir un nouvel appel de Nick. Les choses se présentent mal. Il va falloir que j'intervienne d'urgence. J'espère que j'arriverai à temps pour pratiquer une césarienne !

– Tu veux dire que tu vas ouvrir le ventre de Bessie pour sortir les poulains ?

– Tu sais, c'est une petite incision, et c'est beaucoup moins dangereux pour Bessie que de les laisser naître tous les deux par les voies naturelles. Je ne pensais tout de même pas qu'ils naîtraient si tôt.

Cathy resta muette jusqu'à Drysdale. Elle était terrifiée à l'idée que quelque chose puisse arriver à Bessie et à ses poulains. M. Hope, qui conduisait à vive allure, était concentré sur la route. Quand ils s'arrêtèrent dans la cour de la ferme, Cathy descendit aussitôt du véhicule.

Ils trouvèrent Nick dans l'écurie. Penché sur Bessie, il la caressait en lui parlant d'une voix douce et rassurante.

La jument était couchée sur le flanc. Très nerveuse, elle tentait désespérément de se redresser et tendait le cou en roulant des yeux. Obéissant aux encouragements de Nick, elle finit par se laisser aller en arrière et s'allongea. Elle était couverte de sueur, mais elle semblait un peu apaisée.

Nick se releva et dévisagea M. Hope avec anxiété :

– Elle fait de son mieux, mais je ne sais pas si elle va y arriver.

Cathy qui, jusque-là, n'avait pas quitté la jument des yeux aperçut un petit poulain qui gisait sur la paille, derrière sa mère.

– Mais… il y en a déjà un !
– Oui. Et je pense que l'autre est engagé, expliqua Nick. Elle est en train de pousser.
– Il est trop tard pour pratiquer une césarienne, déclara M. Hope. Bessie devra faire tout le travail elle-même.
Cathy se retourna vers son père, l'implorant du regard :
– Tout va bien se passer, dis, Papa !
– Je l'espère...

4

M. Hope s'avança et caressa le cou de la jument, qui s'était mise à lécher son poulain. Le nouveau-né avait dressé la tête et essayait maladroitement de se hisser sur ses longues jambes frêles. Nick sourit :

– Celui-là m'a l'air d'être en bonne santé ! Mais je m'inquiète pour l'autre. Je ne sais pas si Bessie a encore assez de forces pour l'expulser.

Le vétérinaire avait passé sa longue blouse verte. Cathy regardait Bessie, dont la crinière était toute trempée.

– Pauvre Bessie ! s'exclama-t-elle. Comme elle tremble ! Je ne peux rien faire pour l'aider ?

– Si, lui répondit son père, qui enfilait ses gants en caoutchouc. Attrape cette couverture et viens avec moi.

M. Hope prit délicatement le petit poulain dans ses bras. Cathy le suivit jusqu'au box voisin. M. Hope déposa le poulain sur un tas de paille fraîche.

– Maintenant, écoute-moi bien, Cathy. Quand les poulains naissent, leur mère les lèche pour stimuler leur système nerveux, afin qu'ils puissent se lever. D'habitude c'est presque immédiat, mais je crains que la pauvre Bessie ne puisse s'en occuper avant d'avoir accouché du second.

– Qu'est-ce que tu veux que je fasse ?

– Que tu remplaces Bessie, dit M. Hope en souriant. Tu dois simplement frotter le poulain avec cette couverture pour le sécher et activer sa circulation sanguine. Avec un peu de chance, il sera capable de se lever d'ici vingt minutes. D'accord ?

– D’accord, Papa ! répondit Cathy, toute fière.
– Je suis juste à côté si tu as besoin de quelque chose. Essaie de l’aider à se lever.
Cathy regarda son père se hâter vers la jument et se tourna vers le poulain.
– Allez, bonhomme ! dit-elle gentiment. Je ne serai certainement pas aussi efficace que ta mère, mais je vais faire de mon mieux.
Elle étendit la couverture sur le poulain et le frotta longuement en prenant soin de ne pas appuyer trop fort. Elle sentait sa chaleur à travers la laine. Elle percevait des tremblements, comme si des ondes d’énergie traversaient son corps. Cathy posa une main sur sa tête. Il la regarda.
– Tu es si beau ! lui dit-elle en fixant ses grands yeux sombres. Et tu es noir comme ta mère !
Le poulain hennit doucement, puis avança ses jambes, tentant de se lever. Cathy fut surprise par cet élan soudain. La couverture glissa du dos de l’animal. Il posa un sabot à terre, puis l’autre. Accroupie, Cathy le

regardait, fascinée. Maintenant, il poussait sur ses postérieurs. Et, d'un seul coup, sous les yeux émerveillés de Cathy, il fut debout, tout chancelant. Au bout de quelques secondes, ses jambes lâchèrent, et il s'effondra dans la paille.

Cathy retenait sa respiration. Le poulain ne s'était pas blessé, et, déjà, il tentait de se lever de nouveau.

– Comme tu es courageux ! lui dit-elle, admirative. Oui, tu vas y arriver !

Le poulain se retourna pour la regarder. Cathy lui caressa le cou. Son poil était chaud et doux.

– Allez, bonhomme, encore un petit effort, lui souffla-t-elle à l'oreille tout en continuant à lui frotter le flanc.

Prenant appui sur ses jambes avant, le poulain se dressa à moitié ; puis, se hissant dans un ultime effort, il fut debout… Instable, mais debout ! Il entreprit de faire quelques pas. Il vacilla, mais, cette fois, au lieu de tomber, il redressa la tête et écarta les sabots pour reprendre appui.

Cathy était si absorbée par ce spectacle qu'elle remarqua à peine l'arrivée de son père.

– Bien joué, Cathy ! Bessie elle-même n'aurait pas fait mieux !

Les yeux de la jeune fille brillaient de joie.

– N'est-ce pas la plus belle chose que tu aies jamais vue ? souffla-t-elle, émue.

– Je me le dis à chaque fois, avoua M. Hope. C'est ce qui rend ce métier si beau.

– Et l'autre poulain ?

– Il est né. Bessie est très fatiguée, mais elle va se remettre.

– Mais il va bien ?

– La pauvre bête est très chétive. C'est une femelle. Ne te réjouis pas encore : il est trop tôt pour porter un diagnostic.

Cathy sentit sa gorge se serrer :

– Je peux la voir ?

– Oui, mais ne la dérange pas. Elle n'est pas aussi vigoureuse que celui-là.

– Je vais voir ta sœur ! Veux-tu que je la salue pour toi ? demanda-t-elle au poulain en le quittant.

L'animal dressa la tête. Ses membres paraissaient démesurément longs et minces. Il fit quelques pas vers la petite fille et s'affala de nouveau dans la paille.
– Tu es sûr qu'il ne risque pas se blesser en tombant comme ça ? s'inquiéta Cathy.
– Ne t'en fais pas pour lui, dit M. Hope en riant, il se débrouille très bien ! Il saura marcher en un rien de temps !
Rassurée, Cathy laissa son protégé seul et se dirigea vers le box de Bessie. Nick était assis à côté de la jument. Il leva la tête.
Sous la couverture étendue tout près de lui on distinguait une forme noire. Nick sourit, et son visage se métamorphosa. La fatigue avait totalement disparu, comme par magie.
– Elle a réussi ! Je suis fier d'elle, dit-il en caressant le cou de la jument. Viens voir l'autre poulain…
Bessie poussa un gémissement au moment où Cathy entrait dans le box. La petite fille lui flatta doucement le cou.
Nick tira avec précaution la couverture qui protégeait le petit animal.

– Elle aussi est noire, comme sa mère, murmura Cathy.

Les yeux de la pouliche étaient fermés, et sa respiration à peine perceptible.

– Elle est très faible, dit Nick. Ce sera un véritable miracle si elle survit. Ton père dit qu'elle doit manger beaucoup ; or je crains que Bessie n'ait pas assez de lait pour tous les deux. Et, dans ces cas-là, c'est toujours le poulain le plus vigoureux qui se taille la part du lion.

– On ne peut pas la nourrir au biberon ?

– Si, heureusement ! Après ce que Bessie a enduré, je ferai tout pour sauver son poulain, même si je dois travailler jour et nuit.

– Je vais t'aider si tu veux. James aussi sera content de te rendre service. Il va falloir leur consacrer beaucoup de temps… Au fait, comment vas-tu les appeler ?

Nick sourit :

– À vrai dire, je ne sais pas. Tout cela est arrivé tellement vite que je n'y ai même pas réfléchi.

– J'ai une idée ! Le premier, on pourrait

l'appeler Badaboum : il essaie de se lever, mais ne tient pas encore très bien sur ses jambes et n'arrête pas de tomber. Et l'autre, Mouche. Pour le moment il est si petit, le pauvre ! Qu'est-ce que tu en penses, Nick ?

– Badaboum et Mouche ? Ça leur va bien… Je trouve que ce sont de jolis noms pour un frère et une sœur. C'est d'accord ! Et je compte sur toi et sur James pour venir m'aider si vous avez le temps.

– C'est promis ! dit Cathy avec chaleur.

5

– Qu'est-ce qu'il y a d'autre à faire, maintenant ? demanda Cathy en coinçant ses mèches blondes derrière les oreilles.
– Ma parole, tu es un véritable bourreau de travail ! remarqua Fiona en souriant.
– Nick aussi, d'après ce que je vois ! dit Cathy. Quand nous sommes arrivés, il travaillait dans les nouvelles écuries, et il y est toujours. Il ne s'est pas reposé cinq minutes !
James et Cathy avaient passé la matinée à nettoyer les boxes et à changer la paille.

Depuis deux semaines, ils consacraient presque tout leur temps libre à Bessie et à ses deux poulains. Cathy adorait cela, surtout quand Nick la laissait nourrir Mouche.

– Il paraît que Mouche a mangé de la nourriture solide aujourd'hui ?

– Oui, une poignée de grains. C'est un bon début.

– Elle est toujours beaucoup plus petite que Badaboum, observa James.

– Elle rattrapera son retard de croissance quand elle commencera à se nourrir normalement, dit Fiona. À propos, aimeriez-vous manger quelque chose ? Cela fait deux bonnes heures que vous travaillez d'arrache-pied.

Les yeux de James brillèrent derrière ses lunettes :

– Pourquoi pas ? Et toi, Blackie, qu'en dis-tu ?

Le labrador poussa un bref aboiement et frétilla de la queue.

Fiona éclata de rire en s'exclamant :

– Quels gourmands, ces deux-là ! Bon, je cours vous préparer le déjeuner.
– Pendant ce temps, nous allons remplir les mangeoires de foin, proposa Cathy.
– C'est super de voir Bessie et Badaboum récupérer aussi vite, dit James alors qu'ils s'approchaient des boxes.
Cathy se rembrunit. Bessie et Badaboum s'en tiraient bien, mais la petite Mouche avait encore besoin de beaucoup de soins et d'attention. Elle était loin d'avoir rattrapé son frère.
– Mais tu es si mignonne, Mouche ! lança Cathy en ouvrant le box où les deux poulains se reposaient.
Badaboum leva les yeux en poussant un hennissement. James caressa sa crinière. La tête de Bessie apparut à la porte du box voisin, comme si elle était inquiète.
– Du calme, Bessie, ton fils réclame juste un peu d'attention.
Bessie agita sa crinière. Cathy s'approcha de Mouche, qui avait levé la tête, intriguée par le bruit.

– Tu fais des progrès tous les jours, lui murmura Cathy à l'oreille, et je suis sûre que bientôt tu pourras galoper dans les champs.
La pouliche la regarda avec ses yeux de velours, et la jeune fille en eut le cœur serré. Malgré ses progrès quotidiens, la pauvre Mouche était bien incapable de courir avec son frère ! Cathy adorait regarder Badaboum caracoler dans l'enclos derrière les écuries, perché sur ses grandes jambes.
Elle se secoua et chassa ses pensées :
– Allez, dépêchons-nous, moi aussi, je commence à avoir faim !
– Le premier qui a fini gagne le dessert de l'autre, proposa James en tassant énergiquement le foin dans la mangeoire.

Cathy et James avaient presque terminé quand Nick passa la tête par la porte de l'écurie :
– À table !
À ces mots, Blackie se précipita vers lui.
– Tu as fini les murs ? demanda Cathy.
– Oui. Il ne me reste plus que le toit à

poser… une bagatelle ! répondit Nick avec une moue ironique.

– Tu vas y arriver ? s'inquiéta James.

– Je l'espère. Avec votre aide, tout va beaucoup plus vite. Franchement, je ne sais pas comment j'aurais fait si j'avais eu à m'occuper tout seul de Bessie et des poulains, ces dernières semaines.

Cathy scruta le ciel. De gros nuages noirs s'amassaient à l'horizon, et le vent s'était levé. Elle frissonna.

– La météo a annoncé des orages, dit James.

– J'espère que nous serons épargnés, soupira Nick en regardant la bâche qu'il avait fixée sur une partie du bâtiment en construction. Il faut absolument que le mur que je viens de finir sèche.

Au cours du repas, le ciel s'assombrit de plus en plus. Soudain, de grosses gouttes vinrent s'écraser sur les carreaux.

– Oh non ! se désola Nick. Il ne manquait plus que ça ! Je dois mettre les sacs de ciment à l'abri, sinon, c'est la catastrophe.

– Nous allons t'aider ! fit James en se levant d'un bond.

Nick ouvrit la porte, et le vent s'engouffra violemment dans la cuisine, emportant sur son passage un journal qui alla s'enrouler autour des pieds de la table. Le battant faillit heurter le mur, et Nick eut toutes les peines du monde à le refermer.

– Hou ! Ça décoiffe ! s'exclama James.

Le vent soufflait très fort à présent et soulevait un tourbillon de sable.

– La bâche ne va pas tarder à s'envoler, cria Nick. Venez !

Ils traversèrent la cour à toute vitesse. Une partie des cordes qui retenaient la bâche s'étaient détachées et flottaient au vent. Nick réussit à en attraper une et essaya de la fixer. Le vent sifflait, et il pleuvait de plus en plus.

– Essayez d'attraper la corde de l'autre côté ! hurla Nick, dont la voix était assourdie par le vent.

James sauta pour saisir la corde, mais il s'étala sur le sol boueux. Cathy et Fiona battaient l'air de leurs mains, tentant d'attraper deux autres extrémités, que le vent secouait violemment. Déstabilisée par une bourrasque, Cathy trébucha et faillit tomber à son tour, mais elle réussit à s'emparer de la corde. La puissance du vent était telle qu'elle manqua de lâcher prise. S'agrippant de toutes ses forces, elle cria :

– C'est bon, je l'ai !

Cathy retenait la corde à deux mains, ignorant la brûlure provoquée par le frottement de la fibre sur ses paumes. Le vent s'engouffrait dans la bâche de plus belle, et la jeune fille dut enrouler la corde autour de son bras pour ne pas la voir s'envoler.

– Je ne vais pas pouvoir tenir longtemps, hurla-t-elle, ça souffle trop fort !

Fiona se précipita pour l'aider. De son côté, Nick avait réussi à attacher deux cordes et tentait à présent d'en arrimer une troisième en luttant contre le vent et la pluie. James vint à sa rescousse et tira de tout son poids.

– Dépêche-toi, Nick ! lancèrent Cathy et Fiona, qui sentaient la corde leur glisser des mains.

– Ça y est presque ! Tenez bon !

Il y eut une autre violente bourrasque, suivie d'un bruit sourd. Cathy se retourna. La pluie lui battait le visage et lui plaquait ses cheveux sur les yeux, mais ce qu'elle put voir la glaça d'effroi.

– Oh, non !

– Les vieilles écuries ! Nick, regarde ! cria Fiona.

– C'est pas vrai ! fit James, horrifié.

Cathy n'en croyait pas ses yeux. Le toit des vieilles écuries avait cédé aux assauts du vent, et il commençait à s'affaisser. Le ciel se déchira ; un éclair illumina la scène.

– Les chevaux ! hurla la jeune fille.

– Lâche la corde, Cathy ! lui cria Nick. Il n'y a pas de temps à perdre !

Cathy laissa la corde s'envoler dans les airs et se précipita derrière Nick, qui était déjà près des vieilles écuries.

– Surtout, ne vous approchez pas du bâtiment, ordonna-t-il. C'est moi qui sortirai les chevaux. Tenez-vous prêts à les emmener dans le champ, c'est compris ?

La bâche flottait de nouveau au vent, claquant à chaque bourrasque. Des éclairs fendaient le ciel.
Cathy entendit un hennissement, et peu après Nick apparut avec Bessie. La jument, effrayée par l'orage, secouait la tête. Le bâtiment, qui semblait onduler dans le vent, était sur le point de s'effondrer.
– Apportez une couverture pour les poulains ! cria Nick. Ils sont terrifiés par l'orage, et je n'arriverai jamais à les faire sortir si je ne leur couvre pas les yeux !
Fiona prit Bessie par la bride pour l'emmener dans le champ.
Les éclairs et les coups de tonnerre se suivaient sans discontinuer. Soudain, une avalanche de tuiles s'écrasa dans la cour.
– Vite ! hurla Nick.
Cathy, ne sachant où trouver une couverture, enleva son pull et le tendit à Nick. Nick l'attrapa et retourna dans les écuries. La jeune fille sursauta en entendant un terrible craquement. Cette fois, une poutre avait lâché.

Nick apparut, tirant un poulain, dont il avait couvert les yeux avec le pull de Cathy. Le bruit du tonnerre effrayait le pauvre animal, qui tremblait comme une feuille.

– Prenez Badaboum, haleta Nick, et conduisez-le jusqu'au champ. Je retourne chercher l'autre.

James saisit la bride du poulain tandis que Nick retournait précipitamment vers les écuries.

Cathy récupéra son pull.

– Emmène Badaboum, dit-elle, moi, je vais aider Nick. Il n'arrivera jamais à faire sortir Mouche tout seul !

James tenta de retenir son amie, mais elle était déjà à l'intérieur du bâtiment. Il y faisait très sombre ; le bruit des tôles secouées par le vent était assourdissant. À la faveur d'un éclair, elle aperçut enfin Nick et courut le rejoindre. Ensemble, ils couvrirent la tête de Mouche. La pauvre petite jument était terrifiée.

– File, maintenant ! lança Nick à Cathy.

– Pas sans Mouche, répondit-elle en la prenant par la bride.

L’un poussant le poulain, l’autre le tirant, ils se dirigèrent vers la porte. Ils étaient sur le point de l’atteindre lorsqu’un énorme craquement se fit entendre. Un nuage de plâtre les enveloppa complètement.

– Dépêche-toi ! hurla Nick.

Cathy, les yeux pleins de poussière, manqua de tomber. Nick réussit à soulever le poulain dans ses bras et il poussa la jeune fille vers la sortie.

– Vite, Cathy ! Tout droit ! Cours !

Au moment où ils franchissaient le seuil du bâtiment, le toit acheva de s’effondrer dans un bruit épouvantable. Cathy tremblait de tous ses membres.

– Ça devait arriver un jour ou l’autre, de toute façon, dit Nick en constatant l’étendue du désastre. Nous avons réussi à sauver les chevaux, c’est le principal.

6

– Nick ne peut pas abandonner maintenant ! affirma Cathy avec force en arrêtant sa bicyclette dans la cour de Mme Ponsonby, la tante de Fiona, qui devait leur parler de sa maison, l'une de plus anciennes du village.
– Il n'a pas le choix. Il ne lui reste plus qu'une semaine.
– Tu veux dire que si Nick n'arrive pas à terminer les écuries avant la fin de la semaine, son père vendra la ferme ?
– C'est ce qui est prévu !
– Mais c'est injuste ! Il a déjà tellement de

problèmes ! Et puis Mouche qui ne va pas bien…

Cathy était soucieuse. Elle se revoyait en train d'essayer de faire manger la pauvre Mouche, toute frissonnante, pendant que Nick confectionnait un abri de fortune pour les chevaux. La pouliche, qui était déjà fragile, avait pris froid pendant la tempête.

Très occupée par les deux poulains ces dernières semaines, Cathy n'avait pas vu les jours passer ; elle ne s'était pas rendu compte qu'il restait si peu de temps à Nick pour remplir son contrat.

– Il faut l'aider, James.

Elle agita le heurtoir sur la porte. Le bruit résonna dans toute la maison.

– Vous pouvez entrer sans frapper, déclara une voix enjouée.

Fiona se tenait sur le seuil.

– Oh, excuse-moi, Fiona, je pensais à Nick.

Le sourire de la jeune femme s'évanouit :

– Il est sur le point de capituler. Il ne pourra jamais finir les travaux en temps et en heure.

Mais comment vont tes mains, au fait ?
– Oh, ce n'est rien.
– Quoi qu'il en soit, vous faites un sacré duo, tous les deux ! dit Fiona chaleureusement.
Cathy la remercia d'un sourire.
– Vous voilà enfin ! s'exclama quelqu'un derrière la jeune femme.
Mme Ponsonby apparut, Pandora et Toby sur les talons. Blackie aboya en apercevant les deux chiens.
– Bonjour, Madame Ponsonby, dit James. Nous sommes venus voir les photos dont vous nous avez parlé.
– Je les ai préparées, dit-elle en se dirigeant vers le salon. Venez…
Trois gros albums reliés de cuir étaient posés sur la table. Cathy en prit un et se mit à le feuilleter, tandis que James regardait un autre.
– Oh, s'exclama Cathy, quels drôles d'habits ils portaient ! Et voici la maison de Mme Ponsonby ! Elle n'a pas du tout changé.

Mme Ponsonby s'installa sur une chaise pour commenter les photos. Le dernier album en contenait de plus récentes.

– C'est moi, là, à la foire de Welford, quand j'avais sept ans.

James regarda la photo attentivement. Elle représentait un groupe d'enfants debout devant l'église du village. Mme Ponsonby pointait du doigt une petite fille potelée aux cheveux en tire-bouchon. Cathy, elle, s'intéressait à un autre enfant sur la photo.

– Qui est-ce? demanda-t-elle en montrant un petit garçon assis sur un poney noir.

– C'est George Summers !

– Le père de Nick? s'enquit Fiona en examinant la photo.

– Oui. J'étais à l'école avec lui.

– Il monte un poney, fit remarquer Cathy. Il aimait déjà les chevaux !

– Tu te souviens, dit James, ton grand-père nous a raconté que, plus tard, il avait fallu l'empêcher de retourner dans le brasier chercher ses chevaux !

– Ce n'est pas logique. S'il aime les

chevaux au point de risquer sa vie pour les sauver, pourquoi refuse-t-il d'aider Nick ? Il y a quelque chose qui cloche là-dedans !

– En tout cas, intervint Mme Ponsonby, ils ont déménagé après l'incendie, et je ne l'ai plus jamais revu.

Il y avait là un mystère que Cathy ne réussissait pas à élucider. Pourquoi M. Summers avait-il cessé d'aimer les chevaux ?

– Si vous voulez certaines de ces photos pour votre exposé, je peux m'en charger, leur proposa Fiona. Je vais à York demain. Je connais un endroit où l'on effectue des tirages de photos anciennes sans les négatifs.

– Ce serait génial ! s'écria James.

Cathy, elle, ne réagit pas. Elle était en train de réfléchir.

– York ? N'est-ce pas là que travaille M. Summers ? finit-elle par lâcher.

Fiona opina de la tête :

– Son bureau est sur Barton Street. Pourquoi ?

– Pour rien, je me posais juste la question.

James était intrigué par l'attitude de Cathy, qui s'était replongée dans l'étude des photos.

– Aide-moi à choisir, James ! Celle-là est chouette, tu ne trouves pas ?

Les deux amis se mirent à sélectionner les vieux clichés. Mais Cathy restait songeuse. Comme personne ne pouvait lui expliquer les raisons pour lesquelles le père de Nick s'était mis à détester les chevaux et voulait vendre la ferme, elle allait le lui demander à lui-même !

C'était décidé, elle irait à York.

– Quoi ? s'exclama James alors qu'ils sortaient de la maison de Mme Ponsonby.

– Je te dis que c'est la seule solution. Il faut que quelqu'un explique à M. Summers tout ce que fait Nick pour la ferme.

– Mais tu ne peux pas manquer l'école ! Tes parents ne seront jamais d'accord.

– Je sais. Je n'ai pas l'intention de leur en parler.

James n'en croyait pas ses oreilles :

– Tu ferais ça ?

– Ce sera simple ! Je quitterai la maison à la même heure que d'habitude, comme si j'allais à l'école. Toi, tu diras à la maîtresse que je ne me sens pas très bien, j'ai trop mal aux mains pour tenir un crayon.

– C'est vrai, ça ? s'inquiéta James.

– Non, j'ai juste un peu mal. Alors, tu vois, ce n'est qu'un demi-mensonge, ce sera moins dur à raconter.

– Ça ne marchera pas, Cathy ! Ta ruse va être découverte, et on sera punis tous les deux.

– Mais non, personne ne s'en apercevra ! Je serai de retour avant même que quelqu'un ne remarque mon absence.

– Si tes parents l'apprennent, ils seront fous !

– Je te répète qu'ils n'en sauront rien ! insista Cathy. J'ai besoin de ton aide, mais, si tu n'es pas d'accord, je me débrouillerai toute seule.

– C'est bon, tu as gagné ! soupira James, à court d'arguments.

– Tu acceptes de m'aider ? Merci ! s'écria Cathy en collant une bise sonore sur la joue de son ami. Attends-moi un instant, s'il te plaît, le temps de demander à Fiona si elle peut m'emmener à York. Je vais lui dire que je dois aller à la bibliothèque, continuer des recherches pour notre exposé, ajouta-t-elle avec un clin d'œil.

7

– Voilà, on est devant la bibliothèque ! dit Fiona en arrêtant la voiture. Je te reprendrai ici à midi. Ça va ?
– Merci, Fiona, c'est parfait.
Fiona n'avait posé aucune question embarrassante à Cathy, tant elle était préoccupée par les problèmes de Nick.
– À tout à l'heure ! lança la petite fille en se glissant hors de la voiture.
Elle regarda Fiona s'éloigner et sortit de sa poche un plan de la ville.
– Barton Street... Barton Street...,

murmura-t-elle. À gauche, puis la troisième à droite. J'espère que M. Summers sera là !

Elle jeta un œil sur la façade de la bibliothèque et se dit qu'il faudrait qu'elle y fasse un saut pour chercher des informations sur Welford. Ça donnerait un semblant d'honnêteté à son escapade.

Bientôt, Cathy se retrouva devant l'enseigne « Summers et Fils ». Elle regarda par la porte vitrée de l'entrée. Le siège de l'entreprise était bien plus imposant qu'elle ne l'avait imaginé. Une réceptionniste trônait derrière un petit bureau. Qu'allait-elle pouvoir lui raconter ? Juste à ce moment-là, la jeune femme leva la tête et aperçut Cathy.

Il était trop tard pour reculer ! Elle poussa la porte et entra.

– Que puis-je faire pour toi ? demanda la réceptionniste d'un ton méfiant.

– J'aimerais voir M. Summers.

– C'est à quel sujet ?

– La ferme de Drysdale, répondit Cathy sans même réfléchir.

– Une ferme ? Es-tu sûre de ne pas t'être

trompée d'adresse ? M. Summers est dans le bâtiment, pas dans l'agriculture.

– Mais Drysdale est une très vieille ferme, et comme je prépare un travail sur les bâtiments historiques...

– Ah ! Je comprends. M. Summers s'intéresse beaucoup aux constructions anciennes, et il est toujours content de pouvoir aider les jeunes que ça passionne. Tu as rendez-vous ?

Cathy fit non de la tête.

– Dans ce cas, ça risque d'être difficile. Je vais voir s'il a un moment de libre. Quel est ton nom ?

Cathy déclina son identité, et la réceptionniste décrocha son téléphone.

– Oui, à propos de Drysdale, Monsieur Summers. Très bien.

Elle raccrocha et annonça à Cathy en souriant que M. Summers allait la recevoir tout de suite.

– Prends l'ascenseur jusqu'au cinquième étage. C'est la porte au fond du couloir. M. Summers t'attend.

Cathy la remercia, l'estomac un peu serré par le trac. Arrivée au cinquième étage, elle suivit le couloir jusqu'à la porte indiquée. Elle était ouverte. Un homme se tenait debout face à une fenêtre, le dos tourné à Cathy.
– Monsieur Summers ? Bonjour, je suis Cathy Hope.
L'homme pivota. Cathy le dévisagea. Elle avait du mal à croire que cet homme grisonnant à l'air soucieux était la même personne que le petit garçon de la photo de Mme Ponsonby.
– Oui, je t'écoute, dit-il.
Cathy prit sa respiration :
– C'est à propos de Nick, Monsieur.
M. Summers fronça les sourcils.
– Nick ? Il lui est arrivé quelque chose ?
– Non, pas à lui, répondit Cathy, contente de constater qu'il s'inquiétait pour son fils.
– Que veux-tu dire ? Que se passe-t-il exactement ?
– Il y a eu une tempête. Les écuries que Nick est en train de construire ont été

endommagées, et les anciennes se sont effondrées. Nick a dû improviser un abri de fortune pour les chevaux, et Mouche, un poulain qui était déjà très faible, est tombé malade. Nick n'aura jamais terminé dans une semaine, il faut que vous lui laissiez un peu plus de temps.

Le regard de M. Summers se durcit :

– C'est lui qui t'envoie pour me dire ça ?

– Oh non ! répondit Cathy, personne ne sait que je suis ici, même mes parents. J'ai menti à Fiona pour qu'elle accepte de me conduire en ville. Je pensais que, si vous connaissiez les difficultés de Nick, vous ne vendriez pas la ferme aussi rapidement. Il y tient tant, Monsieur Summers ! Il travaille très dur. Et vous devriez le voir avec les chevaux : il les aime vraiment.

M. Summers resta silencieux un long moment. Il regardait une photo encadrée, posée sur son bureau, que Cathy distinguait mal. Puis il leva les yeux :

– Nick et moi avons passé un accord. Il a disposé d'une année entière pour effectuer les travaux. De mon côté, j'ai été contacté par des gens qui s'intéressent à la ferme. Ils l'ont visitée, et ils trouvent que c'est l'endroit idéal pour un centre de vacances.

– Un centre de vacances ! s'écria Cathy, scandalisée. Nick veut en faire un haras, lui ! C'est beaucoup mieux !

– Moi, j'ai respecté mon engagement. Maintenant, c'est à lui de tenir parole.

– Mais il n'est pas responsable de la tempête ! Vous n'avez pas idée combien Fiona et lui ont travaillé...

– Nick est un rêveur, et Fiona ne vaut pas mieux, l'interrompit M. Summers. Ni l'un ni l'autre n'ont les pieds sur terre.

– Ce n'est pas vrai, protesta la jeune fille. Fiona a tout à fait les pieds sur terre. Quant à Nick, c'est vrai qu'il a un rêve, et...

– Alors, comme ça, Fiona est réaliste ? Et c'est peut-être pour ça qu'elle t'a amenée ici pour que tu plaides la cause de Nick ?

– Elle ignorait que je venais vous voir, je vous assure !

– Tu prétends aussi que tes parents ne sont

pas au courant que tu es ici, fit M. Summers avec ironie.

Cathy secoua la tête.

– Eh bien, ils vont bientôt l'apprendre ! Ils sont vétérinaires à Welford, n'est-ce pas ?

Cathy hocha la tête en se mordant les lèvres pour ne pas pleurer.

M. Summers décrocha le téléphone et demanda à sa secrétaire de lui passer l'Arche des animaux. L'instant d'après, Cathy entendait la voix de son père dans l'appareil. Il semblait très contrarié.

– Ton père désire te parler, lui dit enfin M. Summers en lui tendant le combiné.

– Cathy !

Sa gorge se serra. C'était la première fois que son père lui parlait sur ce ton.

– Tu ne bouges pas, je viens te chercher immédiatement !

– Et les consultations ?

– Il fallait y penser avant de partir pour York !

– Mais, Papa, Fiona peut très bien me ramener !

– Fiona ?

Cathy expliqua la situation à son père, puis repassa l'appareil à M. Summers. Elle était trop dépitée pour suivre leur conversation. Ses yeux tombèrent sur la photo encadrée que M. Summers avait regardée. On y voyait un jeune garçon avec un poney. Cathy crut tout d'abord que c'était Nick ; puis, remarquant les vêtements démodés qu'il portait, elle comprit qu'il s'agissait en fait de M. Summers. Celui-ci raccrocha et surprit Cathy en train de fixer la photo.

– Moi aussi, j'avais des rêves, dit-il d'un air profondément triste. Allons-y, ton père m'a demandé de te raccompagner jusqu'à la bibliothèque pour que Fiona te ramène. Il veut te voir dès que tu arriveras à la maison. Quant à moi, j'ai deux mots à dire à Fiona.

8

– Tu es privée de sortie pendant une semaine. Et je ne veux plus entendre parler de cette histoire ! déclara M. Hope sur un ton sans appel.

Cathy n'avait jamais vu son père dans une colère pareille.

– Cathy voulait nous aider, tenta d'expliquer Fiona. Ça partait d'un bon sentiment.

– C'est possible. Mais, en attendant, elle nous a menti à tous. Un tel comportement doit être sanctionné.

Fiona regarda Cathy :

– Dommage que tu ne m'aies pas dit pourquoi tu allais à York. J'aurais pu te convaincre que ça ne servirait à rien.
– Je ne comprends vraiment pas ce que M. Summers a contre son fils. Nick se donne tellement de mal !
– Je ne pense pas qu'il en veuille particulièrement à Nick ; il y a quelque chose que nous ignorons. Je suis désolée, dit Fiona en se tournant vers M. Hope. C'est ma faute, j'aurais dû vérifier si vous étiez au courant de cette sortie à York.
– Tu n'y es pour rien, Fiona. Tu avais d'autres soucis en tête. C'est Cathy et James qui…
– James n'a rien à voir là-dedans ! s'écria Cathy.
– Dans ce cas, tu devrais lui présenter tes excuses, car lui aussi est privé de sortie pour la semaine.
Cathy était très malheureuse. Son plan avait échoué, elle avait mis James et Fiona dans une situation délicate, et elle ne pouvait même plus aller à Drysdale. Juste au

moment où Nick avait le plus besoin d'aide !
Le lendemain, à l'école, Cathy s'excusa auprès de James.

– Oh, ce n'est pas grave ! lui répondit-il en remontant ses lunettes. Ça valait le coup d'essayer.

– Mais tu es puni à cause de moi...

– Seulement jusqu'à vendredi. C'est pour Blackie que ça m'ennuie. Il ne comprend pas pourquoi je ne l'emmène pas en promenade, comme d'habitude.

– Pauvre Blackie ! dit Cathy, qui se sentait encore plus coupable.

Cette semaine parut interminable à Cathy. Elle ne cessait de penser à Mouche. Sa mère lui donnait régulièrement des nouvelles, et même son père la tenait informée chaque fois qu'il allait à Drysdale. Mais Cathy aurait préféré se rendre compte par elle-même. Heureusement, il y avait les animaux de la clinique. Si elle ne pouvait pas aider Nick, elle pouvait au moins donner un coup de main à ses parents.

Le vendredi suivant, Cathy était en train de

nettoyer les cages des animaux hospitalisés quand sa mère poussa la porte de la pièce :
– Cathy, tu as été très gentille toute cette semaine. Tu ne t'es pas plainte une seule fois de ta punition !
Cathy sentit les larmes lui monter aux yeux :
– Est-ce que papa est toujours fâché contre moi ?
Mme Hope la prit dans ses bras :
– Il était surtout étonné et déçu que tu nous aies caché ton escapade. Mais il a compris que tu avais fait cela pour aider Nick. Il y a au moins une chose positive dans tout cela : tes mains ont eu le temps de cicatriser. Allez, prends ton manteau, je t'emmène.
– Comment ça ? demanda Cathy, surprise.
– Tu bénéficies d'une remise de peine pour bonne conduite ! Et comme je vais à Drysdale pour examiner Mouche, j'ai pensé que tu serais contente de m'accompagner.
– C'est vrai ? s'exclama Cathy. Oh, merci, Maman !
– Tu as cinq minutes pour te préparer.

– Les voilà, ils sont dans l'enclos ! s'écria Cathy, qui s'agitait comme une puce sur le siège du 4x4.
– Attends au moins que j'aie garé la voiture pour descendre !
À peine Mme Hope avait-elle arrêté le moteur que Cathy sauta de la voiture et courut vers l'enclos, où Badaboum et Mouche pâturaient avec leur mère. Les deux poulains levèrent la tête et hennirent en la voyant arriver. Badaboum secoua sa crinière et galopa jusqu'à la barrière. Cathy lui flatta le cou :
– Salut, Badaboum ! Tu m'as manqué, tu sais.
Bessie et Mouche arrivèrent à leur tour. La jeune fille caressa délicatement la tête de Mouche. Elle était encore menue, mais ce n'était plus la créature chétive et tremblante que Cathy avait vue la dernière fois qu'elle était venue à Drysdale.
– Tu as l'air d'aller beaucoup mieux, dit-elle à la pouliche qui reniflait sa main.
– N'est-ce pas ?
Cathy se retourna. Nick s'approchait de la barrière en compagnie de Mme Hope.

– Elle a commencé à manger normalement ces jours-ci, poursuivit-il. Elle n'ose pas encore s'aventurer plus loin, comme Badaboum, et préfère rester près de Bessie, mais elle continue à grossir. Bientôt, elle rattrapera son frère... Si seulement j'avais une écurie digne de ce nom !

– Votre écurie de fortune n'est pas si mal, fit remarquer Mme Hope. Je vais y conduire Mouche pour l'examiner.

Cathy accompagna sa mère et Nick jusqu'aux écuries en construction. Le bâtiment avait été consolidé depuis la tempête, mais n'avait toujours pas de toit. Nick en avait couvert une partie avec une bâche pour pouvoir mettre les chevaux à l'abri. Quant aux anciennes écuries, ce n'était plus qu'un tas de ruines.

– Il faudrait que je me débarrasse de tout ça. Mais il y a tellement d'autres choses à faire avant mon déménagement !

9

À ces mots, Cathy sursauta :

– Comment ça, ton déménagement ?

Nick passa une main dans ses cheveux.

– C'est trop tard, soupira-t-il. Le temps a passé, et je n'ai pas d'écurie. J'abandonne.

– Mais tu ne vas pas baisser les bras maintenant ! s'écria Cathy. Pas après tous ces mois de travail !

– Qu'est-ce que tu veux que je fasse d'autre ? lança Nick. Je ne peux pas demander à mon père de me soutenir, je n'ai pas rempli mon contrat. Je n'ai pas réussi à

poser le toit, car j'ai dû laisser sécher les poutres de la charpente après la tempête.
– Tu as les murs, au moins !
Nick rit nerveusement :
– En effet… Écoute, Cathy, il faut se rendre à l'évidence : j'ai échoué. Le mois touche à sa fin, et mon père vient demain avec des gens qui veulent revoir la ferme avant de se décider. Ils comptent la transformer en centre de vacances.
– Je sais, soupira Cathy. Il m'en a parlé. Mais on ne peut pas laisser faire ça, Drysdale est un haras ! Et que vont devenir Bessie, Mouche et Badaboum ?
Nick regarda Bessie et ses poulains s'ébattre dans le champ. Soudain, Badaboum agita la tête et piqua un galop. On aurait dit qu'il volait, crinière au vent.
– C'était un beau rêve, mais il faut croire que tous les rêves ne se réalisent pas !
À cet instant, les paroles de son grand-père revinrent à l'esprit de Cathy : « Tous ceux qui se souviennent de l'incendie sont de tout cœur avec Nick. » Elle regarda les poutres

qui gisaient dans la cour, n'attendant que d'être mises en place.

– Je suis sûre que si ! s'écria Cathy. Il suffit de leur donner un petit coup de pouce !

– Qu'est-ce que tu veux dire ?

– Eh bien, tu as déjà tous les matériaux nécessaires pour construire ce toit. Que te reste-t-il à faire ?

– Oh ! trois fois rien, rétorqua Nick sur un ton amer. Assembler la charpente, poser les panneaux d'isolation, clouer, traiter… une bagatelle ! Non, c'est impossible, Cathy. Je n'aurai jamais assez de temps.

– Impossible pour toi tout seul, mais avec beaucoup de gens pour t'aider…

– Mais il faudrait une armée !

– Je la trouverai, répondit Cathy. Je vais recruter toutes les bonnes volontés du village, et nous serons là demain matin, à sept heures.

– Cette fois, n'oublie pas d'en parler à ton père…

Cathy soupira, soulagée. Sa mère ne s'était

pas opposée à son idée de mobiliser tout le village pour aider Nick à poser le toit de son écurie. Elle l'avait même approuvée !

– Je n'y manquerai pas, Maman !

– Toi, tu ne baisses jamais les bras ! commenta Mme Hope en souriant.

Cathy se mit à rire :

– Comme toi ! Regarde Crapule, même Simon le donnait pour mort. Mais toi, tu t'es obstinée, et tu l'as sauvé.

– Nick aussi s'avoue rarement vaincu, dit Mme Hope. Il a dépensé beaucoup de temps et d'énergie pour soigner Mouche.

– Tu crois qu'elle récupérera complètement ?

– Ce serait mieux pour elle si elle était dans une vraie écurie ! Il lui faut encore reprendre des forces, mais elle devrait y arriver.

Cathy réfléchissait à son plan de campagne.

– À qui vas-tu demander de l'aide ? lui demanda sa mère, qui avait deviné ses pensées.

– À James, bien sûr, et puis à Papy et Mamy…

– As-tu pensé à Ernie Bell ?
Cathy acquiesça. Ernie Bell, à la retraite depuis quelques années, avait été... charpentier !
– Mme McFarlane sera sûrement d'accord, les Hapwell et M. Pickard aussi...
– Tout le monde, si je comprends bien ! fit Mme Hope.
Cathy sourit. Elle n'attendait plus que l'accord de son père pour solliciter l'aide de tout le village.
– C'est une très bonne idée, dit M. Hope à sa fille. Et je suis content que tu nous en aies parlé avant de tout mettre en marche.
Cathy était aux anges :
– Alors, je peux téléphoner à James ?
– Vas-y. Et dis à Nick que je serai là, moi aussi, demain matin.
– Merci, Papa ! répondit Cathy en fonçant vers le téléphone.

– Génial ! s'écria James quand Cathy lui eut exposé son idée. Faisons deux listes des gens à prévenir. Je t'aiderai, ça ira plus vite.

Cathy passa l'heure suivante au téléphone. Elle avait presque fini d'appeler toutes les personnes de sa liste quand elle entendit une voix tonitruante :

– Qu'est-ce que c'est que cette histoire de rendez-vous à Drysdale, demain matin ?

Mme Ponsonby venait de faire irruption dans la maison.

– Je suis allée au village, où j'ai vu ta grand-mère. Elle avait affiché une annonce à ce sujet. Elle m'a raconté ta visite chez le père de Nick ! Cet homme a toujours été têtu comme un âne, mais j'ai l'impression que tu cherches à le battre sur son propre terrain.

Cathy reposa le combiné et se retourna pour saluer la tante de Fiona.

– C'est moi qui ai demandé à Mamy de poser cette affiche. Je n'étais pas sûre de joindre tout le monde par téléphone, expliqua-t-elle.

Mme Ponsonby toisa la jeune fille en rajustant son chapeau :

– Je suppose que tu étais justement sur le point de me téléphoner ?

Cathy, qui n'avait pas songé un seul instant à l'appeler, s'empressa de dire :
– Bien sûr ! Même si je croyais que vous n'approuviez pas le projet de Nick...
– Balivernes ! Je ne sais pas où tu as été pêcher cela ! répliqua Mme Ponsonby, très remontée. C'est simple, je ne supporte pas qu'on mette des bâtons dans les roues de qui que ce soit. Bon, qu'est-il prévu pour demain ? Il faut de l'organisation avant toute chose ! Et de la nourriture. On ne peut pas travailler sans manger, Cathy !
Cathy, qui s'empêchait d'éclater de rire, hocha la tête en signe d'approbation. Elle n'avait pas pensé à cela. L'aide de Mme Ponsonby serait très précieuse !

10

Cathy, James et M. Hope arrivèrent à Drysdale un peu avant sept heures, ce dimanche matin. La première chose que Cathy aperçut fut le camping-car de ses grands-parents. Juste à côté était garée la voiture de Mme Ponsonby.

Cathy se précipita vers sa grand-mère :

– Merci d'avoir rallié Mme Ponsonby à notre cause, Mamy !

Nick apparut sur le seuil de la ferme. Il avait l'air complètement déboussolé. Il passa une main dans ses cheveux, puis se décida à traverser la cour pour saluer les nouveaux arrivants.

– Wouah ! Regarde-moi ça ! s'exclama James.

Cathy se retourna en entendant le bruit des moteurs. Une longue file de voitures serpentait sur le chemin qui menait à la ferme.

– Qu'est-ce que c'est que ça ? demanda Nick, ahuri.

– Je t'avais prévenu que je mobiliserais tout le village. Eh bien, voilà !

– Il est temps d'emmener les chevaux dans le champ, suggéra M. Hope. Quelque chose me dit que les nouvelles écuries vont être bondées, aujourd'hui !

Cathy et James aidèrent Nick à conduire Bessie et les poulains dans l'enclos. Badaboum était impatient de gambader dans l'herbe. Cathy passa ses bras autour du cou de Mouche, qui était restée auprès de sa mère.

– Toi aussi, tu peux courir, lui glissa-t-elle au creux de l'oreille.

Badaboum s'approcha de Cathy et hennit

avant de repartir au petit galop. Il s'arrêta un peu plus loin et hennit de nouveau.

– Vas-y, Mouche ! Va jouer avec ton frère : il t'appelle.

Bessie donna un coup de nez à Mouche, comme pour l'encourager. Cathy lui flatta l'encolure. La pouliche gratta le sol avec ses sabots, puis fit quelques pas. Badaboum se mit à caracoler de plus belle. Mouche redressa la tête et se résolut à quitter sa mère. L'instant d'après, elle courait dans le champ à la poursuite de son frère.

– Ils sont si beaux ! murmura Cathy.

– Je ne pensais pas voir Mouche galoper comme ça un jour, avoua Nick. Avec ce qu'elle a enduré à la naissance, puis de nouveau après la tempête, on peut dire que c'est une bête drôlement courageuse !

Les deux poulains semblaient très heureux. Badaboum ralentit l'allure pour régler son pas sur celui de sa sœur, et tous deux trottèrent bientôt en cadence.

– Mouche suivrait son frère n'importe où, remarqua Cathy. Elle copie tout ce qu'il fait.

Nick se mit à rire :
– Il faudra qu'elle prenne encore des forces si elle veut vraiment l'imiter ! Quelque chose me dit qu'il sera un bon sauteur d'obstacles.
– Tu crois ? dit Cathy. Mais c'est génial ! Je suis sûre que tu auras bientôt le haras le plus célèbre de la région.
– Commençons déjà par mettre un toit à ces écuries !
Les voitures avaient cessé d'affluer, et la cour était maintenant noire de monde.
Nick se mit à rire :
– Je n'en crois pas mes yeux !
– Un petit coup de pouce pour réaliser un rêve, murmura Cathy.
– C'est toi qui avais raison, Cathy. Nous allons réussir, et ce sera grâce à toi.
Papy rit à son tour :
– Ne va pas croire qu'elle fait cela pour toi ! Elle se donne tout ce mal uniquement pour les chevaux !
– Oh, je n'ai aucune illusion ! dit Nick en souriant chaleureusement à Cathy.

– Ouf ! s'exclama James quelques heures plus tard en s'effondrant sur un tas de paille, à côté de Cathy. Je suis vanné.

Mme Ponsonby venait de sonner l'heure de la pause. Tout le monde avait accepté avec plaisir une tasse de thé et des sandwichs.

– Regarde Nick, dit Cathy. Il a l'air si heureux !

– Pas étonnant, le toit est presque terminé ! D'ailleurs, je n'en crois pas mes yeux !

– Moi non plus ! Quelle équipe ! lança Mamy qui arrivait avec une assiette pleine de gâteaux. Servez-vous, les enfants ! Vous l'avez bien mérité !

Cathy admirait les écuries dont le toit brillait au soleil.

– Pourvu que tout soit fini à temps, murmura-t-elle.

– Nous avons encore trois heures, dit Nick, qui l'avait entendue. Nous allons y arriver. Il ne nous reste plus qu'à enduire les panneaux de créosote.

– La cour n'est pas très présentable, observa la grand-mère de Cathy en dési-

gnant les décombres de la vieille écurie.
– Ça attendra, fit Nick. D'abord le toit !
Cathy fronça les sourcils en voyant Fiona qui courait vers eux, l'air inquiet.
– Que se passe-t-il ? demanda Nick.
Fiona reprit son souffle avant d'expliquer :
– M. Hardy vient de téléphoner. Un homme et une femme viennent juste d'arriver au pub pour déjeuner, et ils ont demandé la direction de Drysdale ! Ce sont certainement les gens avec lesquels ton père a rendez-vous ce soir, les fameux M. et Mme Mars ! Ils sont déjà là !
– Mais c'est impossible ! Ils ne vont pas venir si tôt ! cria Nick, affolé. Il n'est que quatre heures ! Mon père m'a dit qu'ils seraient ici vers sept heures.
– Il est presque cinq heures et demie, Nick, fit remarquer Fiona.
Nick pâlit. Il secoua son poignet :
– Ma montre s'est arrêtée ! C'était trop beau pour être vrai ! soupira-t-il en se laissant tomber sur un banc. Nous ne pourrons jamais terminer à temps !

– Mais ton père n'est pas encore là, dit Fiona, qui ne voulait pas s'avouer vaincue. Nous allons y arriver, j'en suis sûre.
– Non, cette fois, c'est fichu ! répéta Nick, découragé.
Cathy se tourna alors vers Fiona :
– À quoi ressemblent-ils ?
– Qui cela ?
– M. et Mme Mars !
– Je n'en sais rien, répondit Fiona, intriguée. Pourquoi ?
– Parce que nous devons les empêcher coûte que coûte de débarquer ici trop tôt ! cria la jeune fille en se précipitant vers la ferme.
– Qu'est-ce que tu mijotes encore, Cathy ? s'exclama James, un peu dépassé par les événements.
Mais son amie était déjà entrée dans la maison en manquant de bousculer Mme Ponsonby sur son passage.

11

– Que se passe-t-il ici ? demanda Mme Ponsonby en se dirigeant vers le petit groupe.

James haussa les épaules :

– On ne va pas tarder à le savoir !

En effet, Cathy jaillit de la maison et accourut vers eux :

– Madame Ponsonby, vous retournez au village, n'est-ce pas ? Pouvez-vous me déposer au pub ?

Mme Ponsonby faillit s'étrangler.

– Au pub ? articula-t-elle.

Cathy fit signe à James, et tous deux se dirigèrent vers la voiture de Mme Ponsonby.

– J'ai téléphoné à M. Hardy, expliqua Cathy. Il retiendra M. et Mme Mars aussi longtemps qu'il le pourra. Je lui ai demandé de les servir le plus lentement possible. Cela nous permettra de gagner un peu de temps pour dresser un barrage routier ! J'ai appelé Susan : elle va prévenir les enfants du village pour qu'ils nous aident.

– Un barrage routier ? répéta James, éberlué.

– Enfin, pas exactement. Toi et moi, nous allons nous poster sur la route qui mène à Drysdale. Nous dirigerons les Mars du mauvais côté, en leur disant que la route est coupée à cause de la tempête de la semaine passée, qu'elle est en cours de travaux… n'importe quoi. Il faut les empêcher d'aller chez Nick.

– C'est génial !

– Hum…, fit Mme Ponsonby, qui conduisait tout en regardant dans le rétroviseur. Je n'en suis pas si sûre.

Cathy fit la moue, puis ses yeux s'illuminèrent :
– Vous ne voulez pas que Drysdale soit transformé en centre de vacances, n'est-ce pas, Madame Ponsonby ?
– Un centre de vacances ! s'écria celle-ci, horrifiée. Eh bien ! C'est la meilleure. Personne ne m'a parlé de cette histoire. Mais là n'est pas la question… Je ne peux pas approuver ton idée, Cathy.
– C'est pour aider Nick et Fiona, plaida celle-ci.
Mme Ponsonby fronça les sourcils.
– Ce jeune homme a monté dans mon estime, avoua-t-elle. Et je dois dire que je n'ai jamais vu Fiona aussi heureuse, même si je déteste ses affreux jeans et ses bottes en caoutchouc !
Cathy sourit. Vraiment, il n'y avait que Mme Ponsonby pour se préoccuper d'histoires de jeans et de bottes dans un moment pareil !
– Alors, vous nous aiderez ?
Mme Ponsonby poussa un long soupir.

– Je vous préviens : si on m'interroge, je dirai que je ne sais rien ! lâcha-t-elle sur un ton dramatique.
James et Cathy éclatèrent de rire.
– Madame Ponsonby, demanda la jeune fille en se penchant vers le siège avant, vous rappelez-vous un détail particulier lié au départ de M. Summers de Drysdale ? Je suis sûre qu'il y a un mystère là-dessous.
Mme Ponsonby pinça les lèvres :
– Je sais qu'il a été extrêmement bouleversé lorsque la ferme a flambé. Une partie des chevaux ont péri dans les flammes, d'autres ont été blessés. Son père, le grand-père de Nick, a été gravement brûlé. Je crois que c'est lui qui a voulu partir. Et il a dû penser que George ne pourrait pas s'occuper de la ferme tout seul… Nous voilà au pub, annonça-t-elle en freinant brutalement.
– J'espère qu'ils sont encore là ! souffla Cathy. Allons-y, James ! Merci de nous avoir accompagnés, Mme Ponsonby.
Cathy et James sautèrent de la voiture et firent le tour du pub.

M. Hardy sortit sur le seuil de la cuisine.
– Ils ne sont pas partis, chuchota-t-il, les yeux brillants. Comme par hasard, le four est tombé en panne, et ils ont été obligés d'attendre leur plat un bon moment.
Cathy eut un sourire réjoui :
– Merci, Monsieur Hardy ! James et moi, nous allons vite chercher nos bicyclettes. Pouvez-vous retenir M. et Mme Mars jusqu'à notre retour ?
M. Hardy leur fit un clin d'œil :
– Je crois que la machine à café n'est pas très en forme, elle non plus. Je vais devoir préparer le café à l'ancienne, et vous savez comme cela peut être long…

– Tu as l'air bien pressé, dit Jane, la réceptionniste de l'Arche des animaux en apercevant Cathy qui enfourchait son vélo.
– Je t'expliquerai plus tard, Jane !
Elle freina au bout de quelques mètres :
– Ah, Jane ! Si quelqu'un te demande la route de Drysdale, tu ne la connais pas, d'accord ?

Jane écarquilla tellement les yeux que ses lunettes glissèrent de son nez :
– Quelque chose m'échappe, là ! J'espère que tu ne fais pas de bêtises !
– C'est pour la bonne cause, affirma Cathy en appuyant sur les pédales.
– Oh, tu dis ça à chaque fois, lança la jeune femme.
Cathy lui fit un signe de la main et vira en direction du village. Pourvu que Susan ait réussi à recruter suffisamment de monde !
James et Cathy arrivèrent en même temps devant le pub. Susan était là, avec trois autres camarades de classe : Peter, Andrew et Jill.
– Je prends la route de Walton, disait Susan au moment où Cathy et James s'approchaient. Peter, tu te mettras sur Church Lane. Jill et Andrew vont se poster sur la route de la lande.
Elle se retourna :
– Salut, Cathy ! Salut, James !
– Vous êtes super, dit Cathy, radieuse. Un grand merci à tous !

– Qu'est-ce qu'on doit faire exactement ? demanda Jill.
– Tout ce qui est en notre pouvoir pour retarder l'arrivée de M. et Mme Mars à Drysdale !
– Je peux leur faire le coup de la panne de vélo, proposa James.
Le visage de M. Hardy apparut à la fenêtre du pub :
– Impossible de les retenir plus longtemps ! Ils ont décidé de ne pas attendre le café. Je suis en train de leur préparer l'addition. Je ne suis pas bien rapide, mais…
– C'est compris ! lança Cathy. Merci beaucoup, Monsieur Hardy.
Elle regarda sa montre. Bientôt six heures ! Il fallait retenir M. et Mme Mars encore une heure, et le trajet jusqu'à Drysdale ne durait que quinze minutes.
– Allez-y ! dit-elle à ses amis. Et bonne chance !
Les cinq vélos prirent chacun une direction différente.

12

Cathy se cacha derrière la haie et attendit. Cinq minutes plus tard, elle vit un homme et une femme sortir du pub.

– Qu'est-ce que le service était lent ! disait la femme. Je ne recommanderai pas ce pub à nos visiteurs.

L'homme acquiesça tout en ouvrant la portière. Bientôt, la voiture démarra. Cathy la suivit à vélo aussi vite qu'elle le put.

Le break bleu remonta bruyamment la rue principale, puis il ralentit. Sur le bas-côté gisait James, qui se massait le genou en grimaçant.

Un instant, Cathy eut l'impression que le couple allait passer son chemin. Mais le garçon poussa un hurlement déchirant et se tordit de douleur. M. Mars arrêta sa voiture, et sa femme en descendit.

James était un excellent acteur. Dix bonnes minutes passèrent avant qu'il n'admette qu'il se sentait mieux. Et encore, c'est seulement quand Mme Mars proposa d'appeler une ambulance qu'il se releva enfin en boitillant.

L'obstacle suivant attendait M. et Mme Mars au croisement de la route de la lande et celle de Walton.

Une grosse branche de marronnier pendait sur le panneau signalétique, dissimulant les indications. Susan était adossée au poteau. Cathy vit la voiture s'arrêter, et Mme Mars se pencher à la portière pour interroger la jeune fille qui tendit le bras dans la direction de Walton.

« Parfait », pensa Cathy alors que Susan se mettait à pédaler sur la route de la lande pour rejoindre Jill et Andrew.

La voiture ne tarda pas à réapparaître au carrefour.
Cette fois, Cathy renvoya ses occupants vers la rue principale et leur dit de tourner derrière l'église. Elle regarda sa montre. Elle ne pouvait guère se permettre de les faire marcher plus longtemps sans risquer d'éveiller leurs soupçons.
Elle se cacha dans le fossé. Lorsque la voiture repassa, elle ne s'arrêta pas et prit la route de la lande. M. Mars avait l'air de fort mauvaise humeur. Cathy fronça les sourcils. Ils étaient maintenant sur la bonne route et ne se fieraient pas une nouvelle fois aux indications de Susan.
Cathy enfourcha son vélo et prit le raccourci à travers la lande. Elle pédalait de toutes ses forces. Débouchant sur la route, elle aperçut le break bleu de M. et Mme Mars. Une autre voiture, qui roulait au ralenti, s'immobilisa en toussant au beau milieu de la route. Au volant, Cathy reconnut… Mme Ponsonby !
Le véhicule de M. et Mme Mars stoppa à son tour. Mme Ponsonby descendit de sa

voiture et s'approcha du break. Le cœur de Cathy se serra : Mme Ponsonby allait les diriger droit sur Drysdale ! Cathy continua d'avancer le plus discrètement possible en poussant son vélo. La voix de Mme Ponsonby lui parvenait, forte et claire :

– Figurez-vous qu'elle a calé, et me voilà au milieu de la route ! C'est une chance qu'il n'y ait pas beaucoup de circulation ! J'espère que vous n'êtes pas trop pressés. C'est si gentil à vous de vous être arrêtés pour m'aider !

Cathy pouffa. Même Mme Ponsonby était entrée dans leur jeu ! La jeune fille cacha son vélo dans une haie et s'avança en rampant. Tout à coup, elle entendit une bicyclette freiner derrière elle. C'était James.

– Susan et les autres sont partis. Comment se passe l'opération embrouille ?

Cathy regarda sa montre :

– Il faut les tenir éloignés de Drysdale pendant une demi-heure encore. Désormais, tout est entre les mains de Mme Ponsonby.

– Madame Ponsonby ? s'étonna James.
– Elle leur raconte qu'elle est en panne, expliqua Cathy.
– Incroyable ! s'exclama James.
Il poussa son vélo derrière la haie et s'accroupit à côté de son amie.
M. Mars avait ouvert le capot de la voiture, et Mme Ponsonby, installée au volant, lui souriait gentiment, attendant ses instructions.
– Essayez, maintenant.
Mme Ponsonby mit le contact et le moteur toussa, puis se tut.
– Rien à faire, dit-elle en secouant la tête.
Cathy et James sursautèrent en apercevant une grosse voiture noire s'arrêter près d'eux. La vitre du conducteur s'abaissa en silence.
– Que se passe-t-il ? demanda une voix autoritaire.
Cathy sursauta :
– Monsieur Summers !
Le nouvel arrivant la regarda, stupéfait. Puis il tourna la tête vers la scène qui se déroulait

devant lui. C'est alors que Mme Ponsonby sortit de sa voiture.
– George ! George Summers ! lança-t-elle.
M. Summers eut un mouvement de recul :
– Amelia ! Peux-tu m'expliquer ce qui se passe ?
– La voiture de cette dame est en panne, intervint M. Mars. J'essayais de l'aider. Je dois dire, M. Summers, que nous avons eu un mal fou pour trouver la route. Cela semblait pourtant tout simple quand vous nous avez accompagnés !
George Summers regarda Mme Ponsonby, qui haussa les épaules :
– Tu sais, moi et les moteurs…
– Ma chère Amelia, dit M. Summers, permets-moi de te rappeler que tu as réparé ma moto plus d'une fois.
Il avança à grands pas vers la voiture de Mme Ponsonby et s'installa au volant. Il tourna la clé, et le moteur revint à la vie, comme par miracle.
– Ça alors ! C'est tout simplement extraordinaire ! s'exclama Mme Ponsonby. Tu

es un vrai magicien, George !

M. Summers lui jeta un regard noir, puis s'adressa à M. Mars en désignant Cathy :

– Je parie que vous avez aperçu cette jeune personne plusieurs fois au cours de vos pérégrinations.

Mme Mars fixa Cathy.

– Oui, en effet ! répondit-elle. Elle nous a suivis pendant une bonne partie du chemin.

Les épaules de Cathy s'affaissèrent quand elle vit la voiture de M. et Mme Mars s'élancer sur la route de la lande, suivie de près par celle de M. Summers.

– Merci pour votre aide, Madame Ponsonby, dit la jeune fille.

– Hum ! George Summers n'a pas changé. Il est toujours aussi malin, maugréa-t-elle en ouvrant la portière arrière. Bon, grimpez. Vous pouvez laisser vos bicyclettes ici. Allons voir ce qui se passe à Drysdale !

13

George Summers et M. et Mme Mars étaient déjà en train d'inspecter les lieux quand la voiture de Mme Ponsonby s'arrêta dans la cour.
La barrière du champ était grand ouverte et les chevaux ne s'y trouvaient plus. Au beau milieu gisait un tas de débris. « Mais où sont-ils, alors ? » se demanda Cathy. Elle regarda autour : la cour avait été soigneusement balayée et paraissait très propre, excepté le bâtiment en ruine. Cathy s'avança vers les nouvelles écuries : Bessie

se tenait dans un box, et les poulains dans un autre, juste à côté. La construction était terminée !

– James, ils ont réussi ! C'est formidable ! s'écria-t-elle en sautant de joie.

Nick venait à la rencontre de son père. Sa figure et ses cheveux étaient maculés de peinture, mais il rayonnait de fierté. M. Summers dévisagea son fils, puis son regard se porta sur le nouveau bâtiment.

– C'est toi qui as fait ça ? demanda-t-il, incrédule.

– Absolument, répondit Nick. Mais pas tout seul, précisa-t-il en faisant un geste vers les gens du village qui se tenaient derrière lui.

– Il semble en effet que le village entier ait participé à cette aventure, y compris ces deux petites canailles, dit M. Summers en se tournant vers Cathy et James.

Walter Pickard s'avança vers le père de Nick :

– Ça fait plaisir de te revoir, George !

M. Summers lui serra la main sans rien dire, visiblement ému. Ensuite il entra dans le box des poulains et se mit à caresser Mouche :

– J'ai eu une pouliche qui lui ressemblait beaucoup. Mais, dis-moi, Nick, elle me paraît un peu maigrichonne.

– C'est vrai, Mouche a traversé une période difficile. Mais elle va s'en tirer, en grande partie grâce à Cathy, qui s'est beaucoup occupée d'elle.

– Je vois…, marmonna M. Summers.

– Qu'est-ce que ça veut dire ? grogna M. Mars, agacé. Nous sommes venus jusqu'ici pour conclure une vente, pas pour assister à des retrouvailles !

Nick regarda anxieusement son père.

– Écoutez, dit M. Summers d'une voix ferme, je vous ai parlé du contrat que j'avais passé avec Nick…

– En effet, mais d'après ce que je peux constater, les conditions ne semblent pas remplies. Cet endroit ne m'a pas du tout l'air d'être en état de recevoir des chevaux ! Il n'y a qu'à voir cette ruine à l'angle de la cour ! Sans parler des échelles et des pots de peinture… Quant aux écuries, regardez : le créosote du toit n'est même pas sec, et le loquet de la porte n'est pas fixé correctement !

Disant cela, M. Mars se dirigea vers le box des poulains et tira d'un coup sec sur la porte, dont le loquet céda.

Mouche, affolée par le bruit, hennit, se cabra et s'échappa du box. L'instant d'après, elle traversait la cour au galop, suivie de Badaboum. Les deux poulains filèrent droit vers le champ.

– Vous n'êtes qu'un imbécile ! cria Fiona à M. Mars en s'élançant derrière Nick pour tenter de rattraper les chevaux.

Cathy regardait avec effroi Mouche, qui galopait la tête haute, comme aveuglée par la peur. Il fallut peu de temps à Badaboum pour rattraper sa sœur et la dépasser. Dans leur course folle, les deux poulains se dirigeaient tout droit vers les décombres entassés au milieu du champ.

– Badaboum, attention ! hurla Cathy.

Badaboum secoua la tête ; puis, au dernier

moment, fit un écart pour éviter les gravats. Mouche, complètement affolée, continuait de galoper droit devant elle. Nick courait dans le champ en agitant les bras : Badaboum avait fait demi-tour et revenait vers lui.

Mouche aperçut le tas de débris trop tard. Elle tenta de sauter au-dessus de l'obstacle. Tout le monde retint son souffle. On entendit un bruit sourd. Mouche venait de s'écraser au milieu des décombres ! Cathy retint son souffle : elle désirait tant la voir se relever ! Mais Mouche ne bougea pas. Elle restait au sol, désespérément inerte. Nick courut vers elle. Badaboum trotta vers sa sœur qui gisait au milieu des gravats.

Cathy les rejoignit. Son cœur battait à tout rompre. Nick se tourna vers elle :

– Attrape Badaboum, vite !

Cathy saisit la bride du poulain pour l'emmener un peu plus loin. Mais il résistait, essayant de rejoindre Mouche. Alors Cathy le dirigea doucement vers Nick, qui était agenouillé à côté de la pouliche. Il leva la tête. Il était très pâle.

Cathy avala sa salive. L'émotion lui nouait tellement la gorge qu'elle pouvait à peine parler :

– Elle est gravement blessée ?

– Oui, je le crains.

Mouche avait les yeux fermés, et ses jambes antérieures étaient repliées sous elle. Badaboum hennit doucement et se pencha pour toucher sa sœur des naseaux.

– Elle va s'en sortir, n'est-ce pas Nick ? souffla Cathy. Je t'en prie, dis-moi qu'elle va s'en sortir !

– J'ai bien peur que non, Cathy.

À ces mots, la jeune fille éclata en sanglots :

– Mais il faut qu'elle guérisse ! Elle s'est tellement battue pour survivre !

Elle sentit une main sur son épaule. C'était son père, qui les avait rejoints.

– Peux-tu ramener Badaboum à l'écurie ? lui demanda-t-il gentiment. Je vais devoir m'occuper de Mouche, tu sais…

– Tu veux dire que tu vas l'endormir pour toujours ? dit Cathy en sanglotant.

M. Hope acquiesça tristement :

– C’est la seule chose à faire, ma chérie, elle a les deux jambes avant cassées. Sois courageuse, Cathy. Mouche souffre beaucoup. Nous devons très vite abréger ses souffrances.

Cathy s’agenouilla près de Mouche. Elle la caressa tendrement. Elle sentait la chaleur de son corps sous ses doigts. Puis elle enfouit sa tête dans le cou de la pouliche et resta ainsi un long moment, jusqu’à ce que son père la prenne doucement par l’épaule :

– Cathy, il faut y aller…

Cathy releva la tête et s’essuya les yeux. Elle caressa une dernière fois le cou de Mouche.

– Alors, ça n’a servi à rien, tous ces efforts ! se révolta-t-elle.

– Ne dis pas ça, Cathy, lui répondit son père. Pense à Mouche, comme elle était heureuse lorsqu’elle a enfin pu galoper librement avec son frère.

Cathy tenta de retenir ses larmes. Elle savait que son père avait raison, mais c’était si dur d’accepter cette issue terrible…

Elle sentit un souffle sur sa main. C'était Badaboum qui frottait sa tête contre son bras.
– Viens, Badaboum, murmura Cathy, qui s'était un peu calmée.
Elle appuya sa joue contre la crinière du poulain :
– Allons retrouver Bessie.
Ses jambes étaient engourdies, elle se leva péniblement.
– Tu es une petite fille très courageuse, dit une voix derrière elle.
Cathy se retourna. C'était M. Summers. Il était aussi livide que Nick. Cathy esquissa un sourire. Puis M. Summers regarda son fils, toujours agenouillé près de Mouche :
– C'était un accident, Nick.
Nick secoua la tête. Ses traits étaient tirés, et il avait les yeux pleins de larmes :
– Non, Papa. Tu avais raison, je n'y arriverai jamais. J'étais tellement pressé de terminer l'écurie que j'ai oublié de fixer correctement ce loquet. Je ne me le pardonnerai jamais !

– Ça aurait pu arriver à n'importe qui, mon garçon.
Nick se leva :
– Non. Si je suis incapable de protéger mes chevaux, je ne mérite pas de tenir un haras. Je respecterai notre marché. Tu peux vendre Drysdale, je viendrai travailler à York avec toi, comme convenu.

14

– Nous verrons cela plus tard, dit M. Summers.

M. Hope avait ouvert sa trousse de vétérinaire et préparait une seringue :

– Nick, tu tiendras la tête de Mouche pendant que je ferai l'injection.

– Je ne peux pas, répondit Nick, bouleversé. Je ne peux pas lui faire ça.

– Bien sûr que tu peux, rétorque M. Summers. Tu le lui dois, même. Ces choses-là font aussi partie du travail d'éleveur. Je t'aiderai si tu veux…

– Cathy, ramène Badaboum à l'écurie, s'il te plaît. Il faut nous laisser, maintenant.
Cathy s'exécuta. Son grand-père la rejoignit en chemin. Il posa une main sur son épaule. Il ne dit rien, mais son geste suffit à la réconforter.
Elle passa un long moment avec Badaboum et Bessie. Elle étendit une couverture sur le poulain, qui tremblait de tout son corps, et passa ses bras autour de son cou.
– Là, là, c'est fini, chuchota-t-elle, essayant de le calmer.
– Cathy ? appela une voix depuis la porte.
C'était Fiona.
– Tante Amelia a préparé du thé. La plupart des gens sont partis… Viens prendre une tasse avec nous.
– Avant, j'aimerais fixer le loquet.
– Ernie l'a fait tout à l'heure, pendant que vous étiez dans le champ.
Cathy ferma la porte et suivit Fiona. Mme Ponsonby était occupée à distribuer les tasses de thé. M. Summers, Nick, James et M. Hope étaient assis à table.

James fit une petite place à Cathy.
– Comment va Badaboum ? demanda-t-il.
– Il est perturbé. Il doit se sentir seul sans sa jumelle.
Mme Ponsonby s'assit en jetant un regard noir à M. Summers :
– J'ai trouvé M. et Mme Mars absolument exécrables, dit-elle d'un air pincé. Je suis drôlement contente qu'ils soient partis !
– Pourtant, il faudra bien vous y habituer, répliqua Nick, car ils vivront ici une fois que leur centre de vacances sera ouvert.
– Un centre de vacances ! Quelle horreur !
– Malheureusement, tu n'y peux rien, Tante Amelia, lâcha amèrement Fiona. La ferme sera vendue puisque nous avons échoué.
– Qui a dit que j'avais décidé de vendre Drysdale ? intervint M. Summers.
Tous les regards se tournèrent vers lui.
– Et qui ose prétendre que vous avez échoué ? Au contraire, vous avez fait du bon travail, tous les deux.
– Peu importe : c'est de ma faute si Mouche est morte, murmura Nick, inconsolable.

– Pas du tout. C'est de la faute de M. Mars. S'il n'avait pas ouvert le box et hurlé de la sorte, cela ne serait pas arrivé. Si vous croyez que je vais céder Drysdale à un idiot pareil, vous n'êtes pas au bout de vos surprises.
– Vous voulez dire que vous n'allez pas vendre la ferme ? demanda Fiona. Vous allez donner à Nick une seconde chance ?
– Oui, car il la mérite, répondit M. Summers en regardant son fils. Et j'espère qu'il la saisira.
Son fils resta sans voix.
– Nick n'est pas le seul à se sentir coupable, dit soudain M. Summers, les yeux baissés.
Il toussa et poursuivit :
– Je suppose que vous avez tous entendu parler de l'incendie qui a ravagé Drysdale il y a une quarantaine d'années ?
– Oui, et nous savons aussi que vous avez risqué votre vie pour sauver les chevaux, répondit Cathy.
– Parce que c'était par ma faute qu'ils s'étaient trouvés en danger.
– Que veux-tu dire, Papa ? s'étonna Nick.

– J'avais oublié d'éteindre une lampe à huile. C'est elle qui a déclenché l'incendie. Mon père a été gravement blessé et, comme il était trop vieux pour recommencer à zéro, nous sommes partis vivre à York.
– Mais toi, tu n'étais pas obligé de le suivre ! dit Mme Ponsonby.
M. Summers, qui chuchotait presque, s'éclaircit la voix avant de continuer :
– Quand mon père m'a annoncé sa décision, je n'ai pas osé lui demander de me prêter l'argent nécessaire à la restauration de Drysdale. J'étais responsable de l'incendie, des blessures de mon père et de la mort des chevaux. Le souvenir des flammes et des hennissements m'ont hanté durant des années. Mais j'ai souvent regretté d'être parti, et je me suis maintes fois demandé ce qui serait arrivé si j'étais resté, si j'avais essayé de reconstruire Drysdale.
– Alors, pourquoi t'es-tu opposé aussi violemment à mon projet ?
M. Summers écarta les bras dans un geste de lassitude :

– Parce que je connais toutes les difficultés de ce métier et que je ne voulais pas te voir confronté à des situations comme celle d'aujourd'hui. C'est un métier très dur, tu sais…
– Je sais, répondit Nick. Mais c'est celui-là que je veux exercer ! Je regrette que tu ne m'aies pas raconté tout cela avant.
M. Summers passa une main dans ses cheveux, comme Nick avait l'habitude de le faire. Cathy fut frappée par leur ressemblance.
– Il faut croire que tu as ça dans le sang, toi aussi ! Nous sommes tous passionnés de chevaux, dans la famille, et nous ne renonçons pas facilement.
– Je dirais même que vous êtes de vraies têtes de mule ! lança Mme Ponsonby.
– Chère Tante Amelia ! dit Fiona en riant. Je te promets de porter une robe digne de ce nom pour notre mariage, et pas de bottes en caoutchouc !
– J'espère bien !
– Quant à moi, je pensais que vous étiez trop jeunes pour vous marier, dit

M. Summers. Mais j'ai changé d'avis depuis que j'ai pu constater votre sens des responsabilités et votre acharnement.

Il se tourna vers Cathy et ajouta :

– Tu sais, Cathy, nous te devons tous une fière chandelle !

Cathy rougit. Son père rit aux éclats :

– Elle a été punie pendant une semaine à cause de cette expédition à York. Vous allez me faire culpabiliser !

– Alors, Nick a vraiment droit à une seconde chance ? souffla James.

– Oui, et j'espère qu'il m'en donnera une lui aussi, répondit M. Summers.

– Qu'est-ce que tu veux dire ? fit Nick, l'air perplexe.

M. Summers respira profondément :

– Il y a quarante ans, j'ai fui Drysdale. Aujourd'hui, je tiens à rattraper cette erreur.

– Comment ? demanda Fiona.

– J'aimerais prendre quelques mois de congé et m'installer ici pour vous aider à mettre le haras sur pied. Si vous êtes d'accord, évidemment.

– Il faut que je réfléchisse…, dit Nick pour plaisanter. Mais, bien sûr, c'est génial, Papa !

Mme Ponsonby soupira :

– Ma pauvre Fiona ! Ces deux-là vont te donner du fil à retordre !

Fiona sourit et fit un clin d'œil à sa tante :

– Je devrais arriver à les mater, non ?

Tout le monde rit de bon cœur.

– Nous allons vous laisser, dit M. Hope en se levant. Je dois retourner à l'Arche des animaux. Cathy, James, vous venez ?

Les deux amis se regardèrent.

– Je voudrais rester encore un peu avec Badaboum, Papa, répondit Cathy.

– Je les ramènerai, proposa M. Summers. J'en profiterai pour vous demander quelques conseils concernant l'achat de pur-sang pour Drysdale.

– Avec plaisir. Je serais heureux de vous aider. En tout cas, je vous souhaite déjà bonne chance pour la suite.

– C'est plutôt une montagne de courage dont nous aurons besoin pour mener à bien tout ce travail ! s'exclama M. Summers. Au fait, ce mariage ! Quand doit-il avoir lieu ? demanda-t-il à Nick et Fiona. Il faut que Drysdale soit fin prêt !

15

Les cloches de Welford sonnaient à toute volée quand Cathy sortit de l'église derrière Fiona et Nick. Elle leva la tête pour jeter un coup d'œil sur le clocher. Elle s'attendait à le voir trembler, tant M. Pickard et Papy tiraient vigoureusement sur la corde.

– Un petit sourire, Cathy ! lança James, qui s'était embusqué avec son appareil photo.

Blackie, qui arborait un superbe nœud rouge sur son collier, se tenait fièrement à côté de lui. Tout le monde s'était mis sur son trente et un pour le grand jour.

– Tu devrais plutôt prendre une photo de Fiona, c'est elle la mariée.
– Peut-être, mais c'est la première fois que je te vois porter une robe ! Ça mérite une photo, non ?
Cathy regarda la belle robe rose pâle qui lui arrivait aux chevilles. James avait raison, ce n'était pas le genre de vêtement qu'elle mettait habituellement. Mais l'occasion était exceptionnelle.
– Fiona a été gentille de me demander d'être sa demoiselle d'honneur !
– À qui d'autre aurais-je pu le demander après tout ce que tu as fait pour nous ? dit Fiona, qui s'était approchée, tenant Nick par la main.
Cathy leur sourit. Fiona était resplendissante dans sa robe blanche. Elle avait des fleurs dans les cheveux et tenait un bouquet de petites roses du jardin à la main. Nick aussi était très beau dans son costume à queue-de-pie, quoique pas très à l'aise !
– J'étouffe ! Si seulement je pouvais enlever cette satanée cravate, soupira-t-il en

tirant sur le col de sa chemise.
– Je t'interdis d'enlever quoi que ce soit avant la séance de photos ! rugit Mme Ponsonby.
Le village entier était venu assister au mariage. Un flot de gens s'était déversé sur le parvis de l'église et avait encerclé les jeunes mariés sous une pluie de confettis.
– Eh bien, Amelia ! As-tu déjà vu un aussi beau couple ? demanda le père de Nick à Mme Ponsonby.
En deux mois, M. Summers avait beaucoup changé. Le teint hâlé par le grand air de Drysdale, il semblait en pleine forme. Il avait travaillé d'arrache-pied avec Fiona et Nick. Cathy et James les avaient aidés chaque fois qu'ils avaient pu.
– Venez tous, nous allons faire les photos, lança Fiona.
Blackie émit un bref jappement.
– Mais oui ! Toi aussi, mon vieux, tu peux venir, lui dit Nick en riant.
Une heure plus tard, Cathy et James se laissèrent tomber sur le siège du 4x4.

– Pourquoi faut-il qu'on prenne toujours autant de photos à la sortie de l'église ? Je meurs de faim, moi ! s'écria le garçon.
– Encore un peu de patience, James ! dit Mme Hope en se retournant. Un superbe buffet nous attend à Drysdale.
– Ouf ! Ça me rassure !
– Je trouve que c'est une idée formidable, de faire la réception à Drysdale, dit Cathy avec enthousiasme. En plus, Bessie et Badaboum seront les invités d'honneur.
– Ça remontera peut-être le moral du poulain. D'après Nick, il s'ennuie terriblement sans Mouche.
Le regard de Cathy se voila de tristesse :
– C'est vrai que le pauvre Badaboum est bien plus calme depuis la mort de Mouche. Sa sœur lui manque…
– Bessie et Badaboum ne seront pas les seuls invités d'honneur, lança mystérieusement M. Hope.
– Qu'est-ce que tu veux dire ? demanda Cathy en se penchant vers son père.
M. Hope sourit :

– Tu verras ! En tout cas, Fiona et Nick seront drôlement étonnés quand ils découvriront ce qui les attend à Drysdale.
– Qui leur a préparé cette surprise ? demanda James.
– Le père de Nick. Mais je ne vous en dis pas plus, j'ai déjà trop parlé !

Cathy et James bondirent de la voiture dès qu'elle s'immobilisa dans la cour de Drysdale.
– Ça alors ! souffla Cathy en regardant autour d'elle.
James, lui, resta bouche bée.
Au milieu de la cour, balayée et ratissée, des tables couvertes de nappes blanches avaient été dressées sous une voûte de lampions et de ballons multicolores qui se balançaient au vent. La grand-mère de Cathy achevait de disposer des petits bouquets sur les tables.
– Qui a fait tout ça ? demanda la petite fille, émerveillée.
– M. Hardy a prêté les tables et les

lampions, répondit Mamy. Tiens, le voilà, justement !

M. Hardy traversait la cour de la ferme avec un haut-parleur sous le bras.

– On va danser après le dîner ! expliqua-t-il à Cathy et James.

– C'est vraiment superbe, Monsieur Hardy !

– C'est mon cadeau de mariage. J'espère qu'ils vont aimer.

– Ils vont adorer, c'est sûr ! dit Cathy.

Le klaxon d'une voiture résonna, suivi de plusieurs autres.

– Les voilà ! Ils arrivent !

L'instant d'après, Fiona s'avançait dans la cour, éblouie par ce qu'elle découvrait.

– Oh ! C'est incroyable ! s'exclama-t-elle. Le haras a pris un air de fête. Quelle belle surprise !

M. Summers arriva à son tour. Il s'approcha des jeunes mariés, les yeux brillants de malice :

– Nick, Fiona, je ne vous ai pas encore offert votre cadeau de mariage…

– Oh, si, Papa ! répondit Nick en souriant.

Tu nous as aidés à remettre les lieux en parfait état.
Le jeune homme avait raison : à présent, le haras était impeccable. Les nouvelles écuries étaient pimpantes, et il ne restait aucune trace des ruines de l'ancien bâtiment effondré pendant la tempête. À la place, Nick et son père avaient construit un manège couvert pour l'entraînement des jeunes chevaux.
M. Summers regarda le père de Cathy d'un air entendu. Ce dernier se dirigea alors vers le manège.
– J'ai demandé à Adam de trouver des compagnons pour Badaboum, reprit M. Summers.
Et tandis que M. Hope revenait en tenant par la bride deux poulains noisette, il ajouta :
– Les voilà ! J'espère qu'ils vous plairont.
– Ils sont magnifiques ! s'écria Nick.
Cathy était ravie. C'était donc ça, la surprise dont son père avait parlé !
– Vous n'auriez pas pu trouver de plus beau cadeau, dit Fiona à M. Summers en

l’embrassant chaleureusement.
Un des poulains renifla la main de Cathy, qui s’était approchée.
– Badaboum va être heureux, dit la jeune fille.
– C’est certain, intervint Nick. Il reste un peu de temps avant l’arrivée des autres invités. Lâchons-les un instant dans le champ, j’aimerais beaucoup les voir courir.
– Avec Badaboum ? suggéra Cathy.
– Bien sûr, dit Fiona. Va le chercher.
Cathy s’élança vers les écuries. Le poulain s’agita dans son box.
– Allez, mon bonhomme, viens faire connaissance avec tes nouveaux amis.
Badaboum secoua la tête et gratta le sol avec son sabot.
– Tu es toujours prêt pour un petit galop, n’est-ce pas ? dit Cathy en lui flattant le cou. J’espère que tu t’entendras bien avec tes compagnons.
Elle emmena Badaboum jusqu’au champ, où les deux poulains galopaient déjà en se poursuivant. James ouvrit la barrière, et

Cathy lâcha la bride de Badaboum. Le poulain s'immobilisa.

– Vas-y, mon grand ! l'encouragea Cathy.

M. Summers caressa le poulain et lui murmura quelque chose à l'oreille. Badaboum secoua la tête en agitant sa crinière. M. Summers lui donna une petite tape amicale, et le poulain se dirigea vers les deux autres.

– Il a été si seul ! fit Cathy, émue.

– Mais il a aussi été très courageux, dit M. Summers. Je l'ai observé ces derniers temps, et il m'a donné une leçon. Tout comme Nick et Fiona.

– Une leçon de quoi ? s'étonna Cathy.

– De persévérance, Cathy. Il y a des années, j'ai abandonné Drysdale, et j'ai eu tort. Il aura fallu la détermination de Nick et de Fiona pour me faire prendre conscience de mon erreur, et me faire comprendre combien il est important d'avoir du courage.

– Mais… vous avez été drôlement courageux, Monsieur Summers, en admettant vos erreurs !

– Merci, Cathy. Toi aussi, tu sais te montrer persévérante ! ajouta le père de Nick en riant.

Il se retourna en entendant le bruit des voitures qui commençaient à envahir la cour :

– Voilà les invités ! Tu viens, Cathy ?

– Dans une minute. J'aimerais regarder encore un peu Badaboum courir.

M. Summers alla à la rencontre des invités. Cathy les entendait parler et rire ; pourtant, tous ces bruits lui semblaient lointains, tant elle était absorbée dans la contemplation des poulains. Tout à coup, les deux nouveaux venus s'arrêtèrent devant Badaboum, qui secoua sa crinière et hennit. Puis, comme d'un commun accord, tous trois s'élancèrent au galop à travers le champ. Badaboum ne tarda pas à dépasser les deux poulains noisette. Il galopait si vite que Cathy crut un instant voir non pas un, mais deux poulains noirs filer, crinière au vent, comme si Mouche était revenue. Cathy eut un pincement au cœur ; puis elle sourit. Elle savait maintenant que Badaboum serait en bonne compagnie, même si, sans doute, il n'oublierait jamais sa sœur. De cette façon, Mouche serait toujours présente à Drysdale. Cathy en était persuadée.

FIN

AVIS AUX LECTEURS

Toi aussi tu aimes beaucoup les animaux ?
Tu peux en parler à Lucy Daniels, si tu veux,
en écrivant à :
Bayard Éditions Jeunesse
Lucy Daniels - Série SOS Animaux
3, rue Bayard
75008 Paris

EXTRAIT

Et voici une autre aventure
de Cathy et James
dans

UNE GIRAFE EN PÉRIL

S.O.S. ANIMAUX

8

Anton roula lentement sur le bord de la mare, la girafe marchant à ses côtés. Puis il s'arrêta près du camion. Le girafon s'approcha de sa mère et se mit à téter.
Laetitia descendit de la Jeep et retourna vers la Land Rover. Cathy, James et Lindiwe sautèrent à bas du véhicule pour venir à sa rencontre.
– Je croyais que ce serait plus difficile, commenta Laetitia.
– Tu as été formidable, dit Cathy chaleureusement.
– J'ai appris cette technique de massage d'un physiothérapeute. Je n'étais pas sûre que ça marche sur un animal ayant subi un tel stress.

– La girafe va bien ? s'inquiéta James.
– Je n'en sais rien encore. Je la laisse récupérer un peu avant de l'examiner.
Laetitia attrapa sa trousse à l'arrière de la Land Rover et en sortit un stéthoscope.
– Puisque la girafe est attachée à la Jeep, vous pouvez m'accompagner, dit-elle.
– J'attendais que tu nous le proposes, fit Cathy, ravie.
Ils se hâtèrent auprès des girafes.
– Laetitia, tu es prête ? demanda Sipho. Tu veux de l'aide ?
– Viens avec moi dans la Jeep au cas où j'aurais besoin de toi, répondit Laetitia.
Ils grimpèrent dans le véhicule. La vétérinaire s'approcha le plus près possible du flanc de la girafe. Cathy retint son souffle : l'animal était calme, mais pouvait changer d'humeur très rapidement. Laetitia reprit le massage du cou. La girafe ne bougeait pas et regardait droit devant elle.
– Ça a l'air de lui plaire ! chuchota Cathy.

– Regardez ! On dirait qu'elle sourit, renchérit Lindiwe.
Laetitia se mit sur la pointe des pieds pour ausculter la girafe. Elle écouta son cœur, puis palpa son poitrail, son dos, ses jambes antérieures. De temps en temps, l'animal sursautait légèrement. Cathy attendait le diagnostic avec impatience. Et si Laetitia décidait qu'il fallait abattre la girafe pour cause de blessure grave ?
Son examen terminé, la vétérinaire vint rejoindre le reste de l'équipe.
N'y tenant plus, Cathy courut vers elle, suivie de près par James et Lindiwe.
– Alors ? Rien de cassé ? fit-elle, inquiète.
Laetitia sourit :
– Elle s'en sort drôlement bien !
– Vous allez la laisser partir ? demanda James.
– Non. Elle est épuisée et légèrement blessée. Elle souffre principalement de contusions et d'un froissement musculaire. Un petit séjour dans le boma l'aidera à récupérer plus vite.

EXTRAIT

– Pas besoin de traitement coûteux ? voulut s'assurer Sipho.
– Je l'examinerai mieux quand nous serons au centre, mais, à mon avis, elle a juste besoin de quelques jours de repos complet.
– C'est merveilleux ! s'exclama Cathy avec un soupir de soulagement.
Elle se tourna vers James et ajouta d'un air triomphant :
– Je t'avais bien dit que ça marcherait !
Le garçon ne répondit pas. Cathy était agacée : avait-il encore des doutes sur le sauvetage de la girafe ?

S.O.S. ANIMAUX

301. Il faut retrouver Perle !
304. Les larmes du dauphin
305. Le panda abandonné
306. Le chevreau imprudent
307. Le phoque pris au piège
308. Sur les traces du léopard
309. La baleine en détresse
310. Réglisse a disparu !
311. Sauvons les poulains !
312. Une girafe en péril
313. Comment sauver Harry ?
314. Perdue dans la nuit
315. Qui veut adopter un chaton ?
316. Un hamster trop gourmand
317. Une maison pour Marco et Polo
318. Flibuste est un coquin !
319. Prince ne doit pas courir !
320. Opération Koala

Imprimé en R.F.A. par Clausen & Bosse
N° d'Éditeur: 7267